Holger Eckstein
Auf die innere Stimme hören

Holger Eckstein

Auf die innere Stimme hören

Wie Sie Sinn, Glück und Erfüllung finden

Kösel

Copyright © 2015 Kösel-Verlag, München,
in der Verlagsgruppe Random House GmbH
Umschlag: Weiss Werkstatt, München
Umschlagmotiv: plainpicture / Stockwerk / Peter Weihs
Lektorat: Anne Nordmann, Berlin
Druck und Bindung: GGP Media GmbH, Pößneck
Printed in Germany
ISBN 978-3-466-34602-8

www.koesel.de

Für alle, die ihre Bestimmung leben möchten:
Ihr seid in guten Händen.

Geliebter J.d.i.b.,
ich danke dir ... so sehr ... für alles!

Inhalt

Vorwort

98 Prozent aller Menschen leben gemäß einer Glücks- und Erfolgs-definition, die sie nicht in ein tief erfülltes Leben hineinführt.

Wir glauben, dass wir unser Glück im Außen finden. Wir glauben, dass wir durch den richtigen Partner glücklich werden. Wir glauben, dass wir dann glücklich sind, wenn wir die Karriereleiter hinaufsteigen. Wir glauben, unser Leben sei dann erfolgreich, wenn wir in allen Bereichen beste Ergebnisse und Höchstleistungen vorweisen können oder wenn wir in materieller Hinsicht reich sind. Wir glauben, Glück und Erfolg liegen in erster Linie in dem, was wir im Außen *erreichen*.

Das ist nicht falsch, aber es ist verkürzt. Das Streben nach äußerem Erfolg führt in ein Hamsterrad, in dem sich heute viele Menschen abstrampeln. Millionen Deutsche suchen aktuell nach Sinn, die Burnout-Raten explodieren, immer mehr Paare trennen sich, und immer mehr Menschen gehen einer Arbeit nach, die sie nicht erfüllt.

Die Liste aller Potentiale, die wir als Einzelne und als Gemeinschaft noch nicht vollständig leben, ist lang. Mir ist aber nicht daran gelegen, hierüber zu jammern. Wichtig ist mir vielmehr, Ihnen zu sagen, dass das alles im Kern einen einzigen Grund hat: Die Tiefe unseres Lebens ist uns verlorengegangen. Wir leben eine zu flache Version von uns selbst.

Die gute Nachricht lautet: Das muss nicht sein. In Ihnen befindet sich ein unendlich kostbarer Schatz. Alles das, wovon Sie immer schon geträumt haben, kann wahr werden. Nicht, indem Sie sich wer weiß wie dafür anstrengen, sondern dadurch, dass Sie herausfinden, wer Sie wirklich sind und mit welcher Bestimmung Sie hier sind. Alles, was Sie dafür brauchen, ist bereits in Ihnen angelegt. Der Schlüssel zu diesem Schatz ist Ihre innere Stimme.

Was ich damit meine? In jeder Situation gibt es viele verschiedene Stimmen in Ihnen, deren Rat Sie befolgen könnten. Hinzu kommen die Stimmen von außen, der Menschen um Sie herum, der Vorgesetzten, Ihrer Eltern, Partner und Kinder. Und damit nicht genug, gibt es noch weitere Stimmen, denen Sie permanent ausgesetzt sind: die Stimmen der Medien, der Kirche, der Politik, der Wirtschaft, der Gesellschaft und der Tradition. Wie sollen wir in diesem komplexen Wirrwarr von Botschaften noch herausfinden, was für uns wirklich richtig ist?

Nicht viele leben ihr wahres Potential. Nicht viele leben ein zutiefst erfülltes Leben. Nicht viele von uns, die wir alle mit einer Bestimmung hier sind, blühen voller Freude und Erfolg darin auf und geben unser Geschenk dankbar und beseelt weiter an die Welt. All jene aber, denen das gelingt, haben eines gemeinsam: Sie kennen Ihre innere Stimme und haben sich dazu entschieden, ihr zu folgen. Sie führt uns in unser allergrößtes Glück, in die Verwirklichung unseres wahren Potentials und zu unserer wahren Größe!

Auch in Ihnen gibt es diese innere Stimme, eine »göttliche« Stimme, die zu Ihnen spricht. Es ist keine Stimme eines Gottes, der weit weg von Ihnen irgendwo oben im Himmel thront, diese Stimme ist Ausdruck Ihres wahren, essentiellen Selbst. Sie spricht aus einem Bewusstsein, in dem alle Gegensätze vereint sind.

Ihre innere Stimme ist der größte Schatz in Ihrem Leben. Denn mit ihrer Hilfe werden Sie alles, aber auch wirklich alles verwirklichen, was in Ihnen steckt: Sie werden einen Beruf ausüben, den Sie zutiefst lieben. Sie werden darin so erfolgreich sein, wie Sie das wählen. Sie werden die Menschen anziehen, die wirklich gut zu Ihnen passen. Sie werden frei sein von dem Zwang, falschen Zielen nachzulaufen, Zielen, die Sie nicht tief, nachhaltig und substantiell erfüllen.

Ihre innere Stimme ist das wertvollste, wirksamste und wichtigste Mittel, über das Sie als Mensch verfügen. Die Kunst besteht darin, aus den vielen Stimmen, die Sie zu jedem Zeitpunkt wahrnehmen können, die richtige, die eine, die wahre innere Stimme klar zu erkennen. Je mehr Ihnen das gelingt, umso vollständiger wird Ihr Glück im Leben sein, denn:

Ihre innere Stimme führt Sie in Ihr größtes Glück.

Ich weiß, wovon ich spreche. Alle Stationen, die in diesem Buch beschrieben sind, habe ich selbst erlebt. Ich kenne die Sorgen, die Ängste und Hoffnungen, die Sehnsüchte, Träume und Erwartungen, die auch Sie in sich haben.

Als ich 29 war, geriet ich in eine tiefe Sinnkrise. Als junger Unternehmensberater hatte ich den Marschallstab im Tornister, vor mir lag eine tolle Karriere mit großen Erfolgsaussichten, doch die tiefe Erfüllung meiner Seele stellte sich zu wenig ein. Ich musste mir die Sinnfrage stellen, die mein Bewusstsein und mein Leben immer drastischer zu dominieren begann. Ich wollte erfolgreich und anerkannt sein, doch erst einmal nahmen die Dinge einen anderen Lauf: Ich machte spirituelle Erfahrungen, die mein Leben veränderten, hatte bald immer weniger Geld und wusste nicht, wie ich mein bisheriges Leben in das neue, das da begann, sinnvoll integrieren sollte. Es dauerte Jahre, bis mir das besser gelang. Existenzangst, Versagensangst, Angst nicht mehr dazuzugehören – das alles ist mir nicht fremd.

Aber ich habe Antworten gefunden. Heute weiß ich, wer ich bin und wofür ich hier bin. Ich weiß, was uns Menschen tief erfüllt. Ich weiß, auf welchen Wegen wir uns dabei im Weg stehen, das, was wir wirklich wollen, auch zu tun. Ich erlebe die Gnade, in jedem Moment zutiefst erfüllt zu sein – ganz gleich, was »außen« in meinem Leben gerade passiert. Und ich lebe inspiriert und inspirierend, beschwingt, begeistert und begeisternd meine Bestimmung.

Vor allem aber hat mich das Leben mit einer Liebe und Lebensfreude in Kontakt gebracht, die ich nicht kannte und die ich auch nicht für möglich gehalten hätte. Sie ist bedingungslos, allumfassend, unendlich. Das ist ein Segen, der sich mit Worten nicht beschreiben lässt.

Wir alle leben mitten im Paradies. Das heißt aber nicht, dass jeder Moment ein Zuckerschlecken wäre. Das muss er auch nicht sein. Aber Sie können lernen, nicht mehr zu werten, die Welt nicht mehr zu trennen in gut und böse. Sie können lernen, eins zu sein mit allem, was ist, so wie es ist. Sie können lernen, inneren Frieden zu finden, bedingungslos geliebt zu sein und zu lieben. Sie können den Himmel auf Erden erleben lernen. Und Sie können erkennen: Das ist Ihre wahre Natur.

Damit Sie das noch klarer erkennen, habe ich dieses Buch geschrieben. Es ist eine Ode an die Liebe, an die Wahrheit, an Erfüllung und Erfolg – und an eine Beziehung zu sich selbst und zu diesem Leben, die ihresgleichen sucht. Auf den nächsten Seiten werde ich Ihnen erzählen, was sich mir zu diesem Thema bisher erschlossen hat.

Ich glaube,

- dass Sie hier sind, um Ihr größtes Glück zu leben.
- dass Sie eine Bestimmung haben.
- dass die Welt nur auf dieses Geschenk von Ihnen wartet.
- dass Ihnen nichts leichter fällt als diese Bestimmung zu leben, wenn Sie erst einmal tief genug damit in Kontakt gekommen sind.
- dass Sie alles in sich haben, was es braucht, um Ihrer inneren Stimme zu folgen und Ihre Bestimmung zu leben.
- dass es dafür nie zu spät ist.
- dass der richtige Zeitpunkt dafür immer jetzt ist.
- dass Sie auf Ihrem Weg weiter über sich hinauswachsen werden, als Sie das jetzt für möglich halten.
- dass es keinen Weg gibt, der Sie und alle anderen glücklicher machen kann als der, der in diesem Buch beschrieben wird.

Kurz: Ich glaube, dass Sie tief erfüllt leben können – immer und überall. Dabei kann und möchte ich Ihnen mit diesem Buch helfen.

Im ersten Teil lernen Sie, wie Sie Ihre innere Stimme finden und wie es Ihnen gelingt, ihr immer mehr zu folgen – bis Sie eines Tages den Punkt erreichen, an dem Ihre innere Wippe von 49 Prozent auf 51 Prozent kippt. Das ist der »Point of no Return«. Von da an werden Sie nicht mehr anders können, als Ihr Leben immer mehr erblühen zu lassen, dadurch, dass Sie sich und Ihr Leben der Führung Ihrer inneren Stimme anvertrauen.

Im zweiten Teil geht es darum, wie Sie Ihr wahres, inneres Potential verwirklichen. Sie lernen, wie Sie Ihre Bestimmung klar erkennen, verkörpern und erfolgreich manifestieren können.

Im Verlauf des Buches steigt sein Anspruch. Sie werden merken, dass die weiter hinten liegenden Kapitel aus einer noch weiter entwickelten Perspektive geschrieben wurden als die ersten. Das ist Absicht. Ich möchte Ihnen mit dem Buch eine Hilfe an die Hand geben, die Sie jahrelang nutzen können.

In allen Kapiteln finden Sie Beispiele und Übungen, um das Gelernte auf sich, auf Ihr Leben und Ihre Bestimmung übertragen und es praktisch anwenden zu können. Doch genug der Vorrede: Viel Freude, Inspiration und starke Ergebnisse!

Holger Eckstein
Frühjahr 2015

Teil 1
Die innere Stimme

1 Mut –
Finde die innere Stimme

Heiner K. hat Erfolg. Er leitet eine Abteilung in einem Großunternehmen und wohnt mit seiner Frau und seinen zwei Kindern in einem weitläufigen Einfamilienhaus.

Es ist Freitag, 7:54 Uhr. Heiner K. muss zur Arbeit. Gleich hat er ein Meeting mit seinem Chef. Vorher aber bringt er noch die Kinder zur Schule. Gemeinsam steigen sie in seinen nagelneuen SUV mit Allradantrieb. Die Sicht ist schlecht auf der Straße, das Radio spielt Popmusik, der Verkehr ist hektisch. Ein Motorradfahrer, der sich vor einer roten Ampel zwischen zwei Spuren nach vorne drängelt, kommt dem Metallic-Lack von Heiners neuem Auto bedenklich nah. Was der sich erlaubt! Heiner wird wach. Dass der Typ in Ledermontur ihn fast gestreift hätte, ärgert ihn, ja, er ist richtig angefressen von dieser kleinen Szene. Warum regt ihn das so auf? Er weiß es (noch) nicht.

Dieses Jahr hat es mit der Beförderung nicht geklappt … Nein, bitte weg mit dem Gedanken, jetzt sind die Kinder dran, jetzt muss ich hier präsent sein …

Heiner setzt sie vor der Schule ab und fährt weiter. Er macht das Radio lauter. Immer wenn er allein Auto fährt, entspannt er sich. Dann kann er machen, was er will, kann tief atmen, ganz er selbst sein. Er drückt ein bisschen mehr als nötig aufs Gas, spürt den starken Motor, der ihn beim Beschleunigen leicht in den Sitz drückt. Das ist *sein* Auto!

Heiner checkt sein Smartphone auf neue SMS. Lust macht die Arbeit schon. Er weiß, er darf beim Autofahren keine SMS lesen. Er erlaubt es sich aber trotzdem, genießt die eigene Freiheit. Da überrascht ihn ein anstrengender Gedanke:

Was habe ich in diesem Jahr eigentlich erreicht?

Ok, das Auto. Und die nächsten Raten vom Haus sind abbezahlt. Was noch …?

Die Kinder machen sich doch gut.

Was noch …?

Mit Elena ist es jetzt auch wieder entspannter. Gut, dass die Putzfrau jetzt öfter kommt …

Es ist alles gut. Aber … was noch?

Soll das alles gewesen sein?

Da ist sie wieder, diese Frage, die ihn quält! Sie begleitet ihn seit einiger Zeit wie eine Hornisse, die nicht ablässt von ihrem Opfer. Doch die Frage ist zu unangenehm für ihn … Er schiebt sie weg und konzentriert sich wieder auf den Straßenverkehr und das Hier und Jetzt. Im Radio werden gerade die Börsendaten durchgegeben.

Ob das wohl crasht? Heiner hofft, dass es nicht passiert. Er hat Angst, dass er sich und seine Familie durch diesen Mist nicht heil durchbringen würde. Es ist eine tiefe Existenzangst, die ihn quält.

Doch auch diesen störenden Gedanken schiebt er weg! Er will schönere Gedanken in seinem Kopf entstehen lassen, denkt an den Sommerurlaub, an die Kinder. Sie bedeuten ihm so viel, die beiden … Er genießt diesen Moment der Liebe, des Glücks und der Sorglosigkeit. Doch da schießt schon der nächste Gedanke quer:

Bin ich eigentlich glücklich? Ich weiß es nicht. Irgendwie ist alles überschattet … Heiner fühlt sich nicht frei. Nicht sicher. Es ist, als ob er im Leben permanent bedroht wäre. Es kommt etwas Neues in ihm auf, eine innere Stimme, die ihn fragt:

War das jetzt alles?

Heiner hat die Stimme in seinem Kopf ganz deutlich gehört. Natürlich, das war er selbst. Er ist ja nicht verrückt. Aber diese Stimme war trotzdem neu. Davon wird er niemandem erzählen können, denkt Heiner. Schließlich geht außer ihm ja keinen etwas an, was in seinem Kopf vor sich geht. Und er selbst will es auch nicht hören, er schiebt es weg.

Heiner denkt wieder an etwas anderes, während er das Auto auf seinen neuen Parkplatz lenkt: ein Führungskräfte-Parkplatz, immerhin. Bis hierher hat er es geschafft! Stolz richtet er sich auf in seinem Auto, stellt die Zündung ab, atmet durch … Für einen Moment geht er innerlich auf eine Reise in seine eigene Vergangenheit. Heiner denkt an seine Kindheit, die Träume, die er hatte und nie zu leben wagte. Eigentlich möchte er mehr, und damit meint er nicht mehr Geld, mehr Karriere, mehr Besitz und so weiter, aber er weiß nicht, ob das andere »Mehr« in seinem Leben noch irgendwie Platz haben kann. Konkrete Pläne oder präzise Wünsche hat er nicht, auch keine klare Vision.

8:22 Uhr. In exakt acht Minuten beginnt das Meeting mit seinem Chef.

Als Heiner das denkt, schlägt es plötzlich ein wie ein heftiger Blitz. Seine Gedanken hören auf. Sein Atem stockt. Sein Gesicht wird starr. Er fällt in sich zusammen, die Schultern knicken ein. Bewegungslos starrt Heiner auf seine zitternden Hände, als ob es nicht die eigenen wären. Er bleibt sitzen, schafft es nicht, die Wagentür zu öffnen. Was zum Teufel ist bloß los?

Die Anfangs-Angst

Was für eine merkwürdige Szene! Was ist los mit Heiner K.? Was ist das für eine sonderbare Situation, mit der er sich an diesem Morgen herumquält? Was ist das für eine überwältigende Angst, die er in sich trägt? Warum ist er so damit beschäftigt, sich zu fragen, ob das jetzt alles gewesen ist?

Dieser Mann zeigt die typischen Symptome eines Menschen, der sich in einer akuten Sinnkrise befindet. Sandra Maischberger sagte vor Kurzem in einer Talkshow, dass derzeit schätzungsweise eine

Million Deutsche auf Sinnsuche seien. Kennzeichnend für die Situation all dieser Menschen ist, dass sie tragende Werte in ihrem Leben plötzlich infrage stellen. Dinge, die ihnen bisher enorm wichtig waren, verlieren plötzlich an Bedeutung. Sie »häuten« sich und kommen zu einer neuen Weltsicht.

Solche Veränderungen der persönlichen Werte sind viel tiefgreifender als bloße Verhaltensänderungen oder die Annahme neuer Gewohnheiten. Sie können sich anfühlen wie tektonische Verschiebungen von Kontinentalplatten – nur nicht im Zeitraum von Jahrmillionen, sondern innerhalb von wenigen Wochen, manchmal innerhalb von Tagen oder Sekunden. Das kann sich markerschütternd anfühlen, dramatisch und extrem.

Gut ist, wenn wir solche inneren kontinentalen Driften frühzeitig erkennen, denn dann können wir in angemessener Weise darauf reagieren. Dazu müssen wir bereit sein, dieses Neue anzunehmen. So ein Wertewandel ist wie eine Neugeburt. Die bisherige Version von uns stirbt und eine neue entsteht. Das führt auch zu neuen Lebensentscheidungen. Und es macht – zumindest am Anfang – Angst. Angst, die sich manchmal existenzbedrohend anfühlt. Diese Angst lässt uns nicht mehr los. Sie übermannt uns so lange und so oft, bis wir uns ihr stellen. Darum nenne ich unsere Angst an der Stelle auch die »Anfangs-Angst«.

Schauen Sie bitte noch einmal mit geschärftem Blick auf die geschilderte Szene im Leben von Heiner K. Sie können darin acht Merkmale erkennen, die alle typisch sind für Menschen, die einen solchen Umbruch durchmachen. Kommen Ihnen manche davon bekannt vor? Fühlen Sie sich von einigen vielleicht direkt angesprochen?

1. *Merkmal: Sie sind stolz auf das Erreichte.*
Am Anfang solch einer tiefgreifenden Veränderung ziehen Menschen typischerweise ein (Zwischen-)Fazit. Sie wollen die Bestätigung, dass sie bisher ein produktives Leben geführt haben – wobei

sich die Vorstellung von dem, was sie für produktiv halten, ändern kann. Vielleicht fanden sie mit 30 nichts produktiver als Karriere zu machen, mit 40, sich an ihrem Kind zu erfreuen, mit 70, ihre eigene Sterblichkeit zu akzeptieren usw. Gemeinsam ist all diesen Punkten ein Motiv: Solche Menschen wollen zufrieden sein mit dem, was sie hinterlassen!

2. Merkmal: Sie kommen mit Ihrer Karriere nicht mehr so voran.
Wenn man vor einer tiefen persönlichen Wandlung steht, nimmt die Motivation ab, im Rahmen des bisher gültigen Wertesystems weiter zu funktionieren. Man steht – wie Heiner K. – am Übergang von der Erfolgs- zur Erfüllungsorientierung. Bislang zählte, was man *hat* – Erfolg, Prestige, Gewinn, Status, Macht – jetzt wird plötzlich wichtiger, wer man *ist* – »Was ergibt Sinn?«, »Was will ich wirklich?«, »War das schon genug?«. Solche Fragen tauchen an dieser Stelle auf. Der Widerspruch zwischen dem Willen, das Erreichte zu schätzen, und dem Wunsch, das eigene Leben zu ändern, bremst die Motivation und das nach außen hin erlebbare Engagement. Das kann Angst machen.

3. Merkmal: Sie versuchen an Ihrem jetzigen Leben festzuhalten.
Oft reagieren Menschen, die an einer solchen Wegmarke stehen, hektisch. Sie versuchen, sich an der vertrauten Sicherheit festzuhalten und das Neue zu verdrängen. Wir müssen aber lernen, dieses Neue zu erkunden und zu verstehen, während das Bisherige uns den Boden dafür bietet. Eine gesunde Entwicklung vollzieht sich immer so: Wir entwickeln uns über das Bestehende hinaus, schließen es aber weiterhin mit ein; es behält seinen würdigen Platz.
Ein Beispiel: Wenn eine Firma merkt, dass der Markt, in dem sie bisher ihre Gewinne gemacht hat, sich stark verändert (wie etwa Nokia mit seinen Handys vor ein paar Jahren), wird diese Firma nur dann erfolgreich bleiben, wenn es ihr gelingt, die neuen Trends in ihr bestehendes Produktangebot zu integrieren. Das kann für die

Zeit des Übergangs bedeuten, dass Erfolgsprodukte (so genannte Cashcows) die Investitionen für neue Entwicklungen finanzieren, bis die Firma irgendwann von den neuen Produkten lebt. Die alten behalten im »Museum der Erinnerungen« einen würdigen Platz, die neuen aber werden mehr und mehr zur Lebensader des Unternehmens.

4. Merkmal: Sie wirken angestrengt, verwirrt, nervös, nicht klar.
Diese innere Zerreißprobe und das Hineingehen in eine unsichere Zukunft kostet Kraft. Kein Wunder, wenn wir dann gereizter, trauriger, verzweifelter, angespannter, resignierter usw. sind als sonst. Das ist völlig normal!

5. Merkmal: Sie wollen wissen, wie andere Sie sehen.
Menschen an so einer Stelle wollen das Gefühl haben, nützlich zu sein für andere. Das ist ein sehr zentraler Antrieb für sie. Stellen sie das und damit den Sinn ihres Lebens infrage, ziehen sie sich den Boden unter den Füßen weg. Sie wollen spüren, dass ihr bisheriges Leben nicht umsonst war. Das schafft die Voraussetzung dafür, darüber hinauszugehen.

6. Merkmal: Eine neue Stimme im eigenen Inneren fragt nach Sinn.
Sinnkrisen erleben Menschen, wenn sie von einem Stadium ihrer persönlichen Entwicklung ins nächste übergehen. An diesem Übergang taucht sie dann auf in ihnen, die Frage nach dem Sinn – und sie will eine Antwort haben. Dafür müssen sie sich ihr mutig stellen.

7. Merkmal: Sie versuchen, der neuen Stimme nicht zu folgen.
Als Menschen haben wir zwei sehr starke Instinkte, die uns vermeintlich helfen, mit solchen Schwierigkeiten fertigzuwerden: Kampf oder Flucht. Kampftypen streiten sich vielleicht von morgens bis abends und lassen ihren Frust an anderen aus. Fluchttypen

versuchen, die Schwierigkeiten lieber zu verdrängen; wie wenn ein Kind die Augen zumacht, um etwas nicht zu sehen. Natürlich wird die Aufgabe auf diese Weise nicht gelöst …

8. Merkmal: Sie wollen Ihr Leben ändern, aber das macht Angst.
In der Tiefe wollen Menschen an diesem Punkt der Anfangs-Angst ihr Leben ändern, auch wenn sie sich erst einmal dagegen wehren. Auf die Dauer setzt sich aber der tiefere Impuls in ihnen durch. Das muss er auch, denn wenn sie es nicht zulassen, macht sie das krank.

Angst ist also unvermeidbar an dieser Stelle. Es ist darum nicht sinnvoll zu versuchen, die Angst zu vermeiden, sie zu ignorieren oder sich vor sich selbst zu verstecken. Der konstruktive Umgang mit der Angst ist das, worum es jetzt geht. Ich nenne diesen Punkt deshalb den »Mut-Punkt«. Weil Mut das ist, was Sie brauchen, um Ihrer Wahrheit ins Gesicht zu sehen. Um Sie dafür noch etwas besser zu rüsten, möchte ich Ihnen die vier Ängste beschreiben, die an diesem Mut-Punkt häufig aufkommen. In meinen Coachings begegnen sie mir immer wieder. Vielleicht kommen sie Ihnen auch bekannt vor.

Da wäre zuerst die Angst vor dem Umgang mit der inneren Stimme. An so einem Punkt spüren Sie bald, dass Sie diese Stimme nicht wirklich »unten halten« können. Ihre Stimme wird umso drängender und fordernder, je länger Sie versuchen, sie zu leugnen. Das führt Sie in einen Zustand, der Energie und Lebensfreude kostet: Ihre innere Stimme will Ihnen etwas sagen, aber Sie hören ihr nicht zu. Um sich zu schützen, versuchen Sie den Kontakt mit ihr und Ihrem Unbewussten zu vermeiden. Das ist ein klassischer Nährboden für Burnouts – etwas, womit heute viele Menschen zu tun haben. Diese Angst dient der Vermeidung einer gefühlten Ohnmacht.

Ebenfalls weit verbreitet ist die Angst, dass einen diese innere Stimme in Schwierigkeiten bringt. Endlich ausbrechen aus dem Hamsterrad klingt ja erst einmal gut, doch sofort melden sich andere Stimmen in Ihnen, die sagen, dass Sie für Ihre Kinder da sein müssen, dass Sie das Ihren Eltern oder Nachbarn nicht antun können, dass eh alles Träumerei ist usw. Kurz: Sie fürchten, Probleme zu bekommen, wenn Sie Ihrer inneren Stimme folgen. Diese Angst dient der Vermeidung von Risiken.

Die dritte Art von Angst, die an diesem Mut-Punkt aufkommt, ist anders gelagert: Es ist die Angst, dass wir das, was wir möchten, nicht schaffen werden. Vielen von uns fehlt es am nötigen Vertrauen in sich selbst und das Leben – Vertrauen, dass die innere Stimme sich nur dann meldet, wenn wir auch alles zur Verfügung haben oder noch bekommen, das nötig ist, um das, was die Stimme fordert, auch zu meistern. Diese Angst will eigenes Versagen vermeiden.

Die vierte Angst schließlich ist die Schlimmste, weil sie viele von uns für immer paralysiert. Es ist die Angst, nicht mehr dazuzugehören, wenn wir dem Ruf unserer inneren Stimme folgen. Diese Angst ist nicht nur die häufigste von allen vieren, sondern auch die wirksamste. Sie lähmt uns Menschen oft tiefer, als wir es ahnen.

Wir alle wollen dazugehören – zu anderen Menschen und Lebewesen. Eine uns plötzlich bewusst werdende innere Stimme kann uns in Richtungen führen, von denen wir nicht wissen, ob die Menschen, die wir lieben oder deren Unterstützung wir gern behalten möchten, sie gutheißen. Der Partner, das Kind, die Eltern oder Kollegen werden dadurch nicht selten zur Prüfstelle für die Zulässigkeit unseres eigenen So-Seins. Manchmal fürchten wir uns sogar, von der Gesellschaft insgesamt ausgeschlossen zu werden, wenn wir unserer inneren Stimme folgen. Dieses Bedürfnis nach Zugehörigkeit ist für soziale Wesen, wie wir es sind, nicht nur enorm stark, es ist überlebenswichtig. Die Entstehung dieser Angst ist daher gut begründet, sie dient dazu, Einsamkeit zu vermeiden.

Alle diese vier Ängste sind verständlich, nachvollziehbar und haben ihren Sinn. Und doch müssen wir sie überwinden. Dafür gibt es nur einen Weg: Wir müssen durch die Angst hindurch!

Die Befreiung aus der Box

Durch die Angst hindurchgehen – das wirkt wie eine Befreiung. Diese vier Ängste sind wie die vier Wände eines Kartons, einer »Box«, in der wir gefangen sind. Und wir sehnen uns danach, uns daraus zu befreien und endlich mit unserer vollen Größe im Leben zu stehen. Diese Befreiung ist für unser Wohl als Mensch unerlässlich.

Warum ist es so wichtig, diese vier Ängste zu überwinden? Aus zwei Gründen. Der erste Grund ist ein *Von-weg-Grund*: Es ist unvermeidlich, dass Ihr Leid auf lange Sicht immer weiter ansteigt, wenn Sie nicht weitergehen. Der zweite Grund ist ein *Hin-zu-Grund*: Wenn Sie Ihre Ängste überwinden und sich für Ihre innere Stimme öffnen, werden Sie auf etwas stoßen, dass Sie befreien und zu einem viel tieferen und grundlegenderen Glück führen kann, als Sie es bisher kennen.

Erfüllung finden wir nicht, indem wir versuchen, das, was Störgefühle oder unangenehme Emotionen in uns auslöst, »wegzumachen«. Wenn ich leide und nur daran denke, wie ich das Leid weg beseitigen könnte, verliere ich den Kontakt zur Einheit von allem, was ist. Dann lebe ich getrennt vom Sein, vom erfahrbaren Glück dieses Augenblicks, so wie er ist.

Erfüllung finden wir aber genauso wenig, wenn wir nur leben, um unser Vergnügen und unsere Vorteile zu maximieren. Der Mythos, dass Erfüllung nur aus dem »Peak State« entspringen würde, also aus einem Zustand der größten persönlichen Willensstärke, des Gelingens, des Enthusiasmus und der Begeisterung, kann auch in die Irre führen. Und er strengt an!

Jenseits dieser beiden Zustände gibt es einen dritten, in dem wir mit allem, was ist, verbunden sind. In diesem Zustand sind wir offen für unser Leid, wir sind bereit, es zu fühlen. Wir kämpfen nicht dagegen an, verletzlich zu sein, wir schützen uns nicht davor, sondern wir sehen das Leid kommen und gehen – und bleiben offen für das Leben in seiner ganzen Fülle. Und genauso offen sind wir für Freude und Begeisterung, die wir genießen, wenn sie da sind … und nicht trauern, wenn sie wieder verschwinden. Wir hören auf, das Leid verhindern und die Freude festhalten zu wollen, wir bleiben demütig und standhaft, wir stehen zu uns, wie auch immer wir uns gerade fühlen.

Unsere innere Stimme führt uns zu diesem Kernzustand hin. Seitdem ich das weiß, helfe ich anderen Menschen dabei, ihre innere Stimme in sich selbst zu finden, sie wahrzunehmen und in ihr Leben zu integrieren. Was dadurch mit ihnen passiert, ist immer wieder beeindruckend.

Der rote Faden dabei ist: Es wird mehr und mehr sichtbar, fühlbar, hörbar, was ein Mensch wirklich ist und leben will. Nicht weil man »Tschakka!« ruft und sich motiviert, kriegen wir das hin, sondern weil die innere Stimme uns führt und wir ihr hingebungsvoll folgen. Die Menschen beginnen, ihr Leben in einer neuen Tiefe zu erleben. Und das ist eine sehr, sehr schöne Erfahrung.

Bevor ich Ihnen genauer zeige, wie das geht und worauf es dabei ankommt, möchte ich kurz würdigen, wie wichtig und wertvoll der Punkt ist, an dem Sie und ich jetzt hier stehen. An diesem Mut-Punkt nämlich entscheidet sich schon so vieles. Hier trennt sich die Spreu vom Weizen. Wer seine innere Stimme an diesem Punkt nicht integriert, das heißt, ihr zuhört und sich mit ihr auseinandersetzt, der hat auch später keine Chance auf die weiteren Schritte zur Erfüllung.

Zwei Szenarien sind hier denkbar:

Szenario 1: Was passiert, wenn Sie die innere Stimme nicht beachten
Man kann weiterhin so tun, als wäre in der Paarbeziehung alles okay und als stünde in der Beziehung zu den Eltern oder Kindern alles zum Besten. Man kann weiterhin so tun, als ob der jetzige Job der ideale wäre. Man kann weiterhin so tun, als sei seelisch, gesundheitlich und finanziell alles in Ordnung. Man kann all das, was für

einen nicht stimmt, weiter verschweigen und übergehen. Man kann die Demütigungen des Chefs oder des Bruders oder der Mutter weiter ertragen oder durch irgendeine Form von Abschalten dagegen emotional abstumpfen. Man kann die Langeweile oder die Müdigkeit, die Wut oder den Überdruss überspielen. Doch, ja, das geht, und zwar sehr lange. Bei manchen bis zum Tod.

Aber das hat Folgen. Folgen für die Lebensfreude, für die Gesundheit, für die Gelassenheit, für die Energie und Leistungskraft, und vor allen Dingen auch für die persönliche Würde – aber man kann das machen. Und tatsächlich machen es viel zu viele so!

Vielleicht weichen auch Sie Ihrer eigenen Mitte aus und klammern sich an das Leben, das Sie gewöhnt sind, klauben sich weiterhin ein kleines bisschen Spaß und Freude zusammen, zum Beispiel durch Kompromisse, Selbsttäuschungen und Ersatzhandlungen. Durch Spiele oder Surfen oder Zappen oder Pornos oder Alkohol. Oder durch eine weitere teure Armbanduhr, ein tolles neues Auto, eine schicke Fernreise oder durch die nächste neue Handtasche für die Sammlung …

Die Folge von all dem ist ein sich immer weiter verstärkender Prozess, eine sich steigernde Abhängigkeit von Ersatzbefriedigungen, die das Problem, das wir haben, nicht lösen. Diese vielen kleinen Entscheidungen führen zu kurz anhaltendem Vergnügen, nach dem wir süchtig werden, das uns aber gleichzeitig weg von unserem eigentlichen Leben und seinem Sinn führt. Sie halten uns fest in unserer Box – jenem so gewöhnlich aussehenden Gefängnis, das wir alle uns früh in unserem Leben gebaut haben, als Schutz vor einer als bedrohlich empfundenen Welt.

Szenario 2: Die innere Stimme hören und integrieren
Aber es geht auch anders. Wenn Sie Ihre innere Stimme hören und integrieren, können Sie ein Leben außerhalb der Box leben. Die Menschen, denen das gelingt, sind diejenigen, die tief zufrieden, voller Freude und entspannt in ihrer Berufung aufgehen und damit

auch erfolgreich sind (obwohl sie Erfolg für ihr persönliches Glück nicht brauchen). Menschen, die mit ihrem Lebenspartner so leben, dass sie sagen können, dass dieser zu ihnen passt wie die Sonne zum Himmel und dass ihnen nichts Besseres hätte passieren können, als diesen Menschen zu treffen. Menschen, die eine gesunde, fruchtbare Beziehung zu Geld haben, entspannt, offen, freudvoll, weise und gütig. Sie sind frei von Angst, von Gier, einem schwachem Selbstwert, Zögern und Zorn. Diejenigen, die solch tiefes Lebensglück erfahren, unterscheidet ein Umstand von vielen anderen: Die Glücklichen hören mehr auf ihre innere Stimme – sie leben ihr Leben möglichst oft aus ihr heraus.

Ihrer inneren Stimme zu folgen ist die wichtigste Entscheidung Ihres Lebens.

Wenn Sie sich am Mut-Punkt dazu entscheiden, Ihrer inneren Stimme zu folgen, beginnt für Sie möglicherweise eine Zeit des Hin und Her. Eine Zeit, in der Sie einen deutlichen Unterschied erfahren, den Unterschied zwischen dem Leben, in dem Sie sich von Ihrer inneren Stimme führen lassen, und dem Leben, in dem Sie von vielen anderen Stimmen geführt werden, die in Ihrem Inneren durcheinanderplappern.

Dies ist eine Zeit, in der Sie hin- und herschwanken, wie zwischen zwei Polen von Magneten, die sich erst anziehen und dann abstoßen. Mal haben Sie das Gefühl, mehr von Ihrer inneren Stimme geführt zu werden, mal mehr von den anderen vielen Stimmen, die Sie in sich hören. Mal Einheit, mal Dualität oder verwirrende Vielheit. Zwischen beidem gibt es einen wichtigen Unterschied. Um ihn zu erklären, verwende ich gern ein Bild mit zwei Felsen:

Stellen Sie sich bitte eine Meerenge vor, die rechts und links von zwei großen Felsen eingerahmt wird. Rechts vom Wasser ist der Fels der Gier. Er steht für alle Stimmen und Ideen, die schneller, höher, weiter oder stärker sein wollen als das, was das Leben gerade aus sich selbst heraus erschafft. Sie wollen in eine Zukunft hinein, in der sich endlich alles sicher anfühlt.

Links vom Wasser ist der Fels der Angst. Er steht für alle Impulse, Stimmen und Ideen, die langsamer, vermeidender, zögerlicher oder weniger zuversichtlich sind, als es aus der Perspektive der Mitte angemessen wäre. Sie wollen vor einem Fehler schützen, der unangenehme Gefühle produzieren könnte, die Ihnen aus der Vergangenheit bekannt sind.

Beide Felsen gibt es auch in Ihnen, ebenso wie das Wasser dazwischen. Die beiden Felsen sind Verzerrungen in Ihrem Bewusstsein. Wie wenn Sie eine Brille mit falscher Stärke aufsetzen. Wenn Sie die Felsen anschauen, ist es, als trügen Sie diese Brille. Wenn Sie nach vorn aufs Meer schauen, ist die Brille verschwunden und Sie sehen das Wasser mit klarem Blick. Beinahe jeder von uns sieht die Welt durch diese Brille. Wenn Sie sich aber dafür entscheiden, weder zu gierig zu sein noch zu ängstlich und es Ihnen dadurch gelingt, zwischen diesen beiden Felsen hindurchzufahren, werden Sie sich wundern, wie das Ihr Leben für immer verändert. Dann haben Sie die Chance, immer klarer zu erkennen, dass das Wasser zwischen den beiden großen Felsen sich nach hinten hin immer mehr öffnet und zu einem riesengroßen Meer wird, in dem Freiheit, Güte, Frieden und Kraft herrschen.

Was das alles bedeutet, wird sich Ihnen in den nächsten Kapiteln immer mehr erschließen. Was sich hier noch abstrakt anhört, äußert sich in Ihrem Leben sehr konkret. Der Anfang, der Einstieg in den Weg zur Erfüllung ist hier: am Mut-Punkt. Und dann geht es weiter: Der Weg führt Sie an einen Ort, den Sie noch nicht kennen …

Treue zum eigenen Wesenskern!

Als ich meiner inneren Stimme zum ersten Mal begegnet bin, war das wie ein Traum. Ein Erlebnis, das ich Ihnen mit Worten kaum beschreiben kann – auch wenn ich es später noch zu tun versuchen werde. Was an dieser Stelle erst einmal wichtig ist, ist, dass Sie erkennen, verstehen und akzeptieren, dass es diese innere Stimme auch in Ihnen gibt und dass sie Sie in Ihr größtes Glück führt. Denn diese innere Stimme bringt in jedem Augenblick die besten Lösungen hervor, für jede Situation, ohne Ausnahme.

Seit dem Spätsommer des Jahres 2000, als ich meine innere Stimme entdeckte, frage ich mich nicht mehr, *ob* es sie gibt, sondern *wie* mein Zugang zu ihr ist – in jedem Augenblick. Seit damals ist mir glasklar: *Alles* ist eine Frage der Treue zu meiner inneren Stimme, der Treue zu meiner Wahrheit, der Treue zu meinem eigenen Wesenskern.

Erst als ich meiner inneren Stimme begegnet bin, wurde mir bewusst, wer ich wirklich bin, wer wir alle wirklich sind und – vor allem – dass es tief in meiner Mitte diesen Ort gibt, an dem ich total geborgen bin – auf eine Art, die weit über mein persönliches Leben hinausgeht.

Die Begegnung mit diesem Ort veränderte mein Leben für immer, und wenn Sie ihn bisher noch nicht kennen, dann wird das für Sie wahrscheinlich nicht anders sein, sobald Sie ihn kennenlernen.

Was ist also das Besondere an diesem Ort, an dem Sie Ihre innere Stimme finden?

- An diesem Ort steigt eine neue Freude in Ihnen auf, eine tiefe, bedingungslose Lebensfreude. Einfach darüber, dass Sie am Leben sind – fast egal, was gerade geschieht. Eine Freude, die es Ihnen immer wieder ermöglicht, widrige Umstände mit einer Zuversicht zu überstehen, die jenseits von allem, was Sie hören und sehen können, ihren Ursprung hat.

- Ein neues Selbstvertrauen kommt auf, wenn Sie diese innere Stimme in sich erkennen. Die eigene Identität und worin sie gründet, verändert sich völlig. Sie bekommen Zugang zu einem tiefen, unerschütterlichen Selbstbewusstsein und Urvertrauen in den Flow der Ereignisse, zu einer Freiheit, die größer ist als alles, was einem sonst Befreiung schenken kann.

Übung: Zugang zur inneren Stimme

Diese Fragen können Ihnen dabei helfen, leicht(er) Zugang zu finden zu Ihrer inneren Stimme:

1. Erinnern Sie sich an den schönsten Moment / die schönste Phase Ihres Lebens. Was war das Besondere, das Außergewöhnliche daran?
2. Was war daran anders als das, was Sie sonst erlebten?
3. In welchem Zustand waren Sie in diesem Moment?
4. Was dachten Sie über sich, über andere, über das Leben und über die Welt während dieses Moments / dieser Phase?
5. Was könnte dieser Moment Sie im Hinblick darauf lehren, wie Sie Ihr Leben führen sollten? Was sollten Sie weiter so machen wie bisher, was sollten Sie ändern und warum?
6. Welche Botschaft, welchen Sinn / welche »Lektion« hatte dieser Moment für Sie und Ihr Leben (wenn Ihnen nicht gleich eine Antwort einfällt, warten Sie ab, was in Ihnen aufsteigt)?
7. Wenn es in diesem Moment eine innere Stimme in Ihnen gegeben hätte, was hätte sie zu Ihnen gesagt?
8. Stellen Sie sich einmal vor, diese Stimme wäre jederzeit völlig klar für Sie wahrnehmbar: Was würde das mit Ihrem Leben machen? Beruflich? Privat? Emotional? Finanziell? Spirituell?

Die Welt will, dass Sie »funktionieren«

Nehmen Sie das Beispiel einer Paarbeziehung. Ich kenne manche, die ihren Partner nach vielen Jahren Ehe verlassen mussten, um dem Weg ihrer inneren Stimme zu folgen. Weil der Ehemann zum Beispiel nicht damit leben konnte, dass seine Frau mit Mitte 30 noch einmal studieren wollte. Sie hatte schließlich auf die Kinder aufzupassen … Bei diesem Mann konnte die Frau nicht bleiben, ohne sich und ihre Wahrheit zu verraten.

Oder nehmen Sie einen traditionell eingestellten Topmanager, der möchte, dass sein Sohn Karriere in der Wirtschaft macht. Dass dieser zwar unternehmerisch begabte, aber ebenso musische, kreative, spirituelle und mit einem psychologischen Feingefühl ausgestattete Mann auf dem Gebiet der Lebenshilfe seinen Platz findet, ist so gegen die Wertvorstellungen seines Vaters, dass das seine liebevolle Hingabe an den Sohn viele Jahre lang zunichte macht.

Nehmen Sie unterschiedliche Kulturen, Staaten Religionen, Familien, Parteien, Vereine. Sie alle haben ihre eigenen Gesetze, Normen und Werte, Ihre Traditionen und Vorstellungen davon, was in Ordnung ist und was nicht. Und sie alle kennen Tabus, setzen Grenzen. An jeder dieser selbstgemachten Grenzen kann sich jemand reiben und stoßen, wenn er den Ruf der inneren Stimme plötzlich vernimmt. Denn diese Stimme durchdringt und sprengt all das.

Bitte verstehen Sie mich nicht falsch: Ich meine nicht, dass Sie nun auf nichts und niemanden mehr Rücksicht nehmen und auf Teufel komm raus nur noch Ihr eigenes Ding machen sollten. Natürlich nicht! Aber es gilt zu lernen, solche Grenzen, fremde Forderungen und Tabus achtsam wahrzunehmen und sich von ihnen nicht davon abhalten zu lassen, den eigenen Weg konsequent zu gehen.

Es ist fundamental wichtig, der eigenen inneren Stimme, der eigenen Wahrheit gegenüber treu zu sein und zu bleiben. Sich selbst treu bleiben, auch wenn andere unstimmig reden, denken, urteilen, fordern und handeln. Treu sein aus der tiefen und unerschütterlichen Erkenntnis heraus, dass alle Menschen, alle Lebewesen und alle Formen, die wir sehen, der lebendige Ausdruck *eines* unendlichen Prozesses sind. Ihre innere Stimme ist in Wahrheit die Stimme dieses Prozesses. Sie können sie wie eine Radiofrequenz in sich wahrnehmen und sich, wenn Sie ihr folgen, zu Ihrer wahren Bestimmung führen lassen.

Es geht darum, der inneren Stimme durch alle Zeit und alle Lebenslagen hindurch treu zu sein, darum, ihr inmitten vieler anderer Stimmen, innen und außen, zu folgen. Und das ist nicht einfach, denn diese Stimmen täuschen oftmals über sie hinweg, weil sie lauter rufen als die innere Stimme in unserem Kern.

Je treuer Sie ihr sein können, Ihrer inneren Stimme, umso stärker wird die persönliche Transformation sein, die Sie erleben. Die Art, wie Sie Ihr Leben führen, wird sich ändern: Sie leben dann nicht mehr von außen nach innen, sondern immer öfter von innen nach außen. Diese Veränderung ist fundamental.

Von innen nach außen leben

Ihr Leben hat eine äußere und eine innere Dimension. Die äußere ist all das, was man Materie nennen könnte, also das, was man sehen, fühlen, messen und mit den Sinnen erfassen kann. Das ist die Welt der Formen, die sich unterscheiden lassen: Da ist der eine Mensch mit seinem Körper, seinem Auto und seinem Job, da ist der andere – und da bin ich selbst mit meinem Körper, meinem Haus, meinem Lebenspartner und meinem Bankkonto.

Die innere Dimension Ihres Lebens ist all das, was Sie innerlich erfahren, was innerlich für Sie »wahr« ist. Wenn Sie zum Beispiel lieben, dann wissen Sie das innerlich, weil Sie es fühlen, aber Sie können Liebe nicht anhand von Kriterien erklären. Genauso wie Sie sich schwer tun werden, die »Wahrheit« 1 + 1 = 2 mithilfe Ihrer

Gefühle zu begründen, also mit dem Verweis auf innere Erfahrungswelten.

Viele Menschen, vor allem in unserer westlichen Gesellschaft, glauben, die eine Dimension der Welt sei »wahrer« oder »wirklicher« als die andere. Sie glauben, die äußere Welt sei absolut und objektiv wahr, während die innere Welt relativ und subjektiv und darum weniger wahr sei. In unserer Gesellschaft geht es in erster Linie um Beweise, um Wissen, um das Außen und die damit verbundenen Errungenschaften. Wenn etwas messbar ist, dann *ist* es, das ist die Grundüberzeugung unserer Wirtschaft und unseres Bildungswesens. In östlichen Kulturen hingegen schwören viele Menschen seit Jahrtausenden auf die Weisheit des Inneren. Bei uns hat das Innen seine Existenzberechtigung hauptsächlich in romantischen Filmen und Büchern, in spirituellen Kreisen und in der Szene der Pädagogen und Psychologen, Geistheiler, Künstler und Priester. Ich weiß, das ist alles ein bisschen schwarz-weiß gezeichnet, aber ich hoffe, Sie verstehen, worauf ich hinaus will.

Mein Leben hat mich gelehrt, dass es nicht *nur* ein Innen oder nicht *nur* ein Außen gibt, das »wahr« wäre, sondern dass beide lediglich Teil einer übergeordneten Gesamtwahrheit sind, die in ihnen auf unterschiedliche Weise zum Ausdruck kommt. Wenn ich einen Gedanken denke, ist das etwas Inneres, und gleichzeitig ist es ein Ausdruck des *einen* großen schöpferischen Prozesses, der alles durchwirkt. Wenn ich in eine Aktie investiere, dann ist das ein Handeln im Außen, es verändert Materie und Formen, ist messbar und »beweisbar«, und ist zugleich ebenfalls ein Ausdruck desselben Einen.

Wenn Sie sagen: »Das Außen ist richtig, weil beweisbar, und das Innen ist ein Ergebnis der persönlichen Einbildung und daher unzuverlässig«, dann schauen Sie mit einer Augenklappe in die Welt. Wenn Sie sagen: »Das Innen ist richtig. Nur das, was ich subjektiv wahrnehme, ist für mich auch real erfahrbar. Das Objektive, die Zahlen usw., das alles hat mal jemand so definiert und sich ausgedacht, aber es ist nicht der Weisheit letzter Schluss. Der Weisheit letzter Schluss ist das Innen, nicht das Außen«, dann machen Sie denselben Fehler, nur andersherum. Dann tragen Sie, um im Bild zu bleiben, die Augenklappe auf der anderen Seite.

Solange Sie glauben, diese beiden Welten seien voneinander getrennt, erkennen Sie den tieferen Zusammenhang Ihrer Existenz nicht – und damit einen fundamentalen Aspekt Ihrer Lebenswirklichkeit. Dann glauben Sie, Sie seien verloren, allein, müssten sich durchsetzen, behaupten und vergleichen.

Ich schaue heute anders auf mich, mein Leben und unsere Welt. Ich betrachte das Innen und das Außen als Zugänge zu *einer* alles vereinenden, konkret erfahrbaren, tiefer liegenden Wirklichkeit, die sich auf beide Weisen ausdrückt. So wie Musik in Dur- und Moll-Akkorden an unser Ohr dringen kann. Alles, wirklich alles, was existiert, ist ein Ausdruck dieser *einen* schöpferischen Urbewegung namens Leben.

Diese Unterscheidung zwischen Innen und Außen ist grundlegend wichtig, weil Sie je nachdem, wie Sie darauf schauen, ein völlig anderes Leben führen werden. Ich möchte Ihnen das an einem Beispiel verdeutlichen:

Stellen Sie sich bitte einmal einen Menschen vor, der sein Leben vollkommen von Außen nach Innen lebt. Das heißt: Für ihn ist *nur* das Außen wahr. *Nur* das Außen gibt ihm Halt und Geborgenheit. *Nur* das, was man zählen, wissen und beweisen kann, hat für ihn Gültigkeit. Er hält nur das Außen für etwas, was es im Leben zu erringen gilt. Nun fragen Sie sich bitte: In welcher Hinsicht führt dieser Mensch ein reiches, kluges Leben? Und in welcher Hinsicht führt er mit dieser Einstellung ein armes, dummes Leben? Ich kann mir vorstellen, die Antworten auf diese Fragen kommen Ihnen schnell und fallen Ihnen leicht.

Jetzt stellen Sie sich bitte jemanden vor, der sein Leben vollkommen von innen nach außen lebt. Das heißt: Für ihn ist *nur* das Innen wahr und verlässlich. *Nur* das Innen ist ein geeigneter Orientierungsfaktor in der Welt. Er glaubt, dass man sein Innen nicht an das Außen verraten dürfe, weil das alles sei, was zählt im Leben. In welcher Hinsicht führt dieser Mensch ein reiches, kluges Leben? Und in welcher Hinsicht dürfte es eher arm oder sogar dumm, auf jeden Fall aber beschränkt sein?

Es wird offensichtlich, dass wir beide Perspektiven integrieren sollten, um die Welt so zu sehen, wie sie ist, und um uns optimal in ihr zurechtzufinden. Das führt uns zu stimmigeren Urteilen und Entscheidungen, was mehr als alles andere über unser Schicksal entscheidet.

Das persönliche Paradies

Was ist Ihre Vorstellung vom Paradies? Bitte nehmen Sie sich einen Moment Zeit und lassen Sie sich davon überraschen, was für eine Antwort auf diese Frage in Ihr Bewusstsein tritt. Sind es schöne Frauen beziehungsweise Männer, die Ihnen huldigen? Herrlich satte, bunte Wiesen in wunderbarem Sonnenschein? Ein Gipfelerlebnis auf einem Berg? Sex mit einem Menschen, den Sie lieben und der Sie liebt? Ein Glas von Ihrem Lieblingsrotwein auf dem Deck einer Yacht, umgeben von Freunden? Ein Geldspeicher wie der von Dagobert Duck, voll von Scheinen in Währungen, die alle noch viele Jahre stabil sind? Welches Bild taucht in Ihnen auf, wenn Sie sich fragen: Was müsste passieren, damit ich mich fühle wie im Paradies? Nehmen Sie diese Frage bitte ernst und spüren Sie ihr noch für einen Moment weiter nach …

Manche sagen, das Paradies gäbe es nicht. Manche behaupten, es sei bloß eine Träumerei von Menschen, die mit dem Leben nicht fertig werden. Für mich gibt es das Paradies. Aber nicht in einem Jenseits, sondern hier, mitten im Leben. In jedem Augenblick. Der Himmel auf Erden ist in mir, in Ihnen, in allem, was lebt. Aber nicht so, wie wir uns das meist vorstellen. Es ist kein Ort, an dem sich all unsere Wünsche erfüllen und wir für immer sicher sind. Kein Ort, an dem immer Friede, Freude, Eierkuchen herrscht. Sondern ein Ort, an dem man in Kontakt ist mit dem Kern des Lebens selbst, mit der Quelle aller Dinge, mit dem Sein. Hier und Jetzt. In diesem Augenblick.

Das Sein ist ein ewiger Zustand. Das Sein ist das unendliche Potential, aus dem alles, auch Sie und ich und der Gegenstand, der sich jetzt unmittelbar vor Ihnen befindet, entsprungen sind und in das wir alle wieder zurückgehen. Das Sein ist alles, was ist. Genauer: Es ist in allem, was ist. Es ist die Quelle von allem, was ist. Es ist das Sein, das ständig zu etwas Neuem wird. Sein und Werden – das sind die beiden Wesenszüge des Urgrunds, die beiden Spannungsfelder, zwischen denen wir alle uns immer hin und her bewegen. Fülle und Leere. Einatmen und Ausatmen. Sein und Werden. An beiden Enden dieser Bewegung kann das Paradies gefunden werden – und auch an jedem Punkt dazwischen.

In jedem Augenblick entspringt Ihrem wesenhaften So-Sein ein nächster schöpferischer, Impuls, ein Werden. Ihr Sein *wird* etwas, in jedem Augenblick. Je freier und ungehinderter dieser schöpferische, ewige Prozess durch Sie hindurch leben kann, umso mehr spüren Sie, dass Sie ewiges Leben sind, das sich in jedem Moment auf stimmige, einzigartige Weise ausdrückt. Das ist Ihre tiefste persönliche Identität. Das ist Ihr persönliches Paradies.

Solch eine Perspektive gelingt dem, der seine innere Stimme kennt und ihrer Führung weit genug gefolgt ist. Sie sind umso mehr in Ihrem persönlichen Paradies, je mehr Sie Ihrer inneren Stimme die Führung über Ihr Leben überlassen. Dann werden Sie eins mit ihr.

Hier ein Vergleich, der den Unterschied deutlich macht: Stellen Sie sich bitte noch einmal einen Menschen vor, der ganz und gar dem Außen verpflichtet ist. Dieser Mensch zielt darauf ab, möglichst viele Dinge zu besitzen, ein möglichst großes Geld- und Sachvermögen aufzubauen. Er definiert sich über das, was er hat oder über das Ansehen, das er dadurch genießt. Nimmt man ihm seinen Besitz oder wird dieser deutlich geschmälert, kann das so einen Menschen bis zum Selbstmord bringen, weil er es verpasst hat, sich selbst tiefer wahrzunehmen. Er *ist* dann nur das, was er *hat* – und das ist eine sehr fragile Lebensposition, so stark und robust sie auch nach außen wirken mag. Es ist garantiert nicht der Ort, den ich als »persönliches Paradies« bezeichnen würde.

Stellen Sie sich nun bitte jemanden vor, der ganz und gar dem Innen verpflichtet ist. Dieser Mensch zielt darauf ab, möglichst genau zu wissen, wer er wirklich ist, wofür er hier ist und was er dem Leben und den Menschen zu geben hat. Er definiert sich über das, was er *ist*. Nicht das Was, sondern das Wer und das Wie stehen hier im Vordergrund. Nimmt man ihm all sein Äußeres, all seinen Besitz, weiß er immer noch, wer er ist und wozu er hier ist. Er kann seine Mission und Vision im Außen jeden Augenblick neu entstehen lassen. Sie spüren schon: Diese Position ist stabiler. Sie gibt einen tieferen Halt als die erste, die sich nur an Äußerlichkeiten festmacht.

Das persönliche Paradies, das ich meine, ist da, wo sich Innen und Außen verbinden. Wo die stabile Verankerung im Innen, im Sinn, im Sein, in der ureigenen Identität – wie auch immer Sie es nennen mögen – fruchtbar zusammenfließt mit einer Erfüllung der Formen des Außen, also dem Beitrag, dem Lebenswerk, den Beziehungen, dem Vermögen, dem Kapital, der Stiftung, dem Ehrenamt. Wo von innen heraus und aus einer tiefen Verwurzelung im (ewigen) Leben das derzeitige, gegenständliche Leben und dieser Augenblick bewusst erfüllt und kreiert werden, jeden Moment neu. Erfüllung ist ein proaktiver Akt – nicht etwas, das wir angestrengt erschaffen müssen. Für wahre Erfüllung müssen wir die zu engen Vorstellungen unserer beiden Felsen loslassen und ins offene Meer schwimmen.

Wenn Sie diese Haltung einnehmen, entwickeln Sie eine völlig andere Sicht auf Ihr eigenes Leben und auf das Leben insgesamt.

Diese Sicht ermöglicht Ihnen,

- immer besser zu erkennen, wer Sie (und alle anderen) sind und wozu Sie hier sind – in jedem Moment;
- zu erfahren, dass nur ein Teil von Ihnen sterblich, ein anderer Teil aber ewig ist: das Innen, das *eine* alles verbindende Wesen, die innere Stimme;
- tiefste Zufriedenheit und Geborgenheit in Ihrem Leben zu spüren;
- einen Umgang mit Rückschlägen, Krisen oder Unannehmlichkeiten zu entwickeln, der es Ihnen erlaubt, sich schneller wieder aus Ihrer inneren Quelle heraus konstruktiv auszurichten und daher ultimativ effektiv und erfolgreich zu sein – in allen Lebensbelangen;
- immer mehr dem Gesamtwohl zu dienen, was Ihre tiefe Sehnsucht ist.

Weil all das nur mit dem Zugang zu Ihrer inneren Stimme möglich ist, nenne ich es Ihr »persönliches Paradies«, wenn es Ihnen gelingt, Ihrer inneren Stimme entsprechend authentisch zu leben. Das ist es, wonach wir alle uns in unserem Innersten sehnen: Dass wir die innere Stimme finden und das Sein in uns erfahren, dass wir unser Leben ganz annehmen und erfüllen. Das Ergebnis sind 100 Prozent Authentizität, bedingungslose Lebensfreude, Würde, Weisheit und Liebe. Das, was vom Sterbebett aus gesehen, jeder gern genossen, gelebt und gegeben hätte.

Sie mögen von schönen Männern oder Frauen träumen, von materiellem Überfluss, von tollen Yachten oder einer großen Ranch in Südamerika, und all das mag zu Ihrem Lebensglück tatsächlich beitragen, aber wenn Sie nicht in dem Ort wurzeln, aus dem das alles hervorgeht, dann bleibt Ihre Position im Leben angreifbar. Dann ist sie schwach und fragil und kann nur mit viel Verdrängung und Energieverlust aufrechterhalten werden.

Die innere Stimme zu finden, ihr zu folgen und Ihr Leben immer mehr aus ihr heraus zu führen, ist die einzige Strategie, die Sie in Ihr persönliches Paradies führt. Je besser es Ihnen gelingt, Ihrer inneren Stimme treu zu sein, desto stärker tritt sie hervor, desto mehr bestimmt sie Ihr Denken, Fühlen und Handeln. Und desto mehr bekommen Sie auch das, was viele »Ausstrahlung« nennen. Es ist das Licht in Ihnen, das wir alle sind, das durch Sie strahlt. Alles wird umso klarer, einfacher und freudvoller, je mehr Sie Ihre innere Stimme leben.

Doch diese Reise hat hier am Mut-Punkt erst begonnen. Je länger Sie Ihr Leben so führen, umso mehr treten die Vorteile davon in Erscheinung. Sie werden auf Ihrem Weg immer wieder »getestet«. Wie Odysseus müssen Sie der Versuchung widerstehen, an die Felsen rechts und links der Meerenge anzuschlagen.

Alles wird anders

Warum wird alles anders in Ihrem Leben, sobald Sie der inneren Stimme begegnen? Warum schreibe ich darüber so verheißungsvoll, obwohl Sie auch nach der Begegnung mit ihr widrige Umstände, »Negatives«, Unglück und Schicksalsschläge erleben?

Ich möchte Ihnen dazu eine Geschichte aus meinem Leben erzählen: Im Jahr 2000 nahm ich auf Hawaii an einem Seminar teil. Es dauerte nur eine Woche, doch in dieser Zeit hat sich mein Leben für immer verändert. Am Abend des dritten Tages rief ich abends meinen Vater in Deutschland an, um meine Freude über das, was ich dort erlebte, mit ihm zu teilen. Doch das Telefonat verlief anders, als ich das erwartet hatte …

Mein Vater, er war damals 62 Jahre alt, klang atemlos, beunruhigt, aufgewühlt. Er ließ mich gar nicht erst zu Wort kommen, sondern platzte gleich damit heraus, dass er in der letzten Nacht etwas geträumt habe. Er sagte: »Holger, ich muss dir etwas Verrücktes erzählen. Ich habe heute Nacht etwas geträumt …«

Mein Vater, müssen Sie wissen, hatte mir noch nie zuvor von einem Traum erzählt. Das war normalerweise so gar nicht seine Art. Er hielt sich an Fakten, an das, was man messen und zählen kann. Aber bei diesem Telefonat war plötzlich alles anders.

»Also … Du wirst vielleicht sagen, ich sei verrückt, aber stell dir vor, ich hab geträumt, dass ich beim lieben Gott bin. Ich sage zum lieben Gott: ›Mein Sohn ist in Schwierigkeiten, was kann ich für ihn tun?‹ Und der liebe Gott antwortet: ›Du kannst jetzt gar nichts weiter für ihn tun. Aber gib ihm das Buch Hiob zu lesen.‹«

Das war sein Traum. Nie hatten wir bei uns den Namen Hiob je erwähnt. Nicht, dass wir zuhause nicht auch religiös gewesen wären, aber solche Worte aus dem Mund meines Vaters – das war bemerkenswert.

Ich antwortete ihm (durch das Seminar gerade sehr geöffnet, sensibel und wach): »Du, das mach ich. Danke, dass du mir das erzählt hast.«

»Ja, das musste ich dir irgendwie sagen, das ist so komisch …«, sagte mein Vater etwas unbeholfen, aber ich hatte das Gefühl, den Wink zu verstehen. Es tat mir ein bisschen weh, ihn zu sehen in seinem Leid, weil er den von mir neuerdings eingeschlagenen Lebensweg nicht mehr verstand (ich war zu diesem Zeitpunkt bereits aus dem »äußeren Funktionieren« ausgestiegen und hatte mich dem inneren Weg der Wahrheit verschrieben). Ich ging sofort hinüber in das Internetcafé des Hotels, lud mir das gesamte Buch Hiob herunter und las es – zum ersten Mal in meinem Leben.

Die Geschichte von Hiob geht in Kurzform so: Hiob ist ein rechtschaffener Mann, der an Gott glaubt. Plötzlich wird ihm seine Gesundheit genommen, dann seine Familie und schließlich sein Wohlstand. Er steht allein vor Gott und beschwert sich, jammert, leidet. Er gräbt sich ein in seinen Unmut und beschimpft Gott, dass er ihm das alles antue. Selbst beste Freunde lässt er kaum noch an sich heran, weil er so sehr mit dem hadert, was sich ereignet hat.

Es kommt zum »Showdown«, als Hiob verzweifelt am Strand

kniet, zu Gott hinaufschreit und ihm sein Leid klagt. Da donnert Gott von oben herab und zeigt ihm Grenzen auf. Er sagt:»Du bist Mensch. Ich bin Gott. Ich bin immer da und immer in dir. Vergiss das nicht. Hab Vertrauen und hör auf, dich zu beschweren.« So tut es Hiob dann auch. Diese Begegnung mit Gott hat ihn bekehrt. Er erkennt und fühlt, dass es etwas gibt, das in ihm lebt, obwohl er so viel im Außen verloren hat. Es ist wie ein Aufwachen. Hiob hört auf zu jammern, zu zaudern und zu misstrauen. In den Jahren danach bekommt er alles, was er verloren hatte, vielfach wieder zurück. Sein Reichtum wird größer denn je, und seine Gottestreue hat er seitdem nie mehr verloren.

(Bitte sehen Sie es mir nach, wenn ich mich in meiner Schilderung der Geschichte Hiobs vom Original entferne. Ich habe sie so wiedergegeben, wie ich sie seit meiner Lektüre damals auf Hawaii in Erinnerung habe.)

Nachdem ich die Geschichte von Hiob gelesen hatte, wurde mir intuitiv klar, dass dies eine Beschreibung dessen war, was vor mir lag, was ich erleben würde. In den Jahren danach gab ich erst meinen Job auf und erreichte noch ein paar Jahre später einen finanziellen Nullpunkt (ich, der ich mit hohen Weihen studiert hatte). Doch trotz all dieser Ereignisse vergaß ich die Geschichte Hiobs nicht und ich verlor sie nie, diese Treue zu meiner inneren Stimme. Sie gab meinem Leben Halt, egal wie »eng« die Sache im Außen immer wieder einmal war ...

Respektvolle Resonanz

Stellen Sie sich bitte einen Moment lang vor, Sie würden – wie und warum auch immer – plötzlich ganz tief und überwältigend klar wahrnehmen, dass es *eine* Energie gibt, die durch alles hindurchfließt, das Sie mit Ihren Augen sehen können. Sie sähen Bäume, Hügel, Weinberge, Autos, einen Friedhof, Wolken, den Himmel,

Ihre Beine und Füße, die Straße auf der Sie gehen, einen vorbeilaufenden Hund, eine Kapelle, eine Weggabelung, die Sonne … und plötzlich hätten Sie das deutliche Gefühl, dass alle diese Formen, auch Sie selbst, innen ein und dasselbe sind.

Ich war einmal auf einem Seminar, da haben alle eine Woche lang immer denselben Satz gesagt: »ICH BIN …«, und dann haben wir alle den Satz vervollständigt mit dem, was uns gerade einfiel. Das Ergebnis nach fünf Tagen war enorm: Ich saß Claudia gegenüber, einer erfolgreichen Eventmanagerin aus Wiesbaden. Claudia war Ende 40, ich Ende 30. Wo ich mich am ersten Tag Dinge sagen hörte wie »ICH BIN Holger Eckstein. ICH BIN der Sohn meines Vaters … ICH BIN 1,73 Meter groß«, sagte ich am dritten Tag Dinge wie »ICH BIN nicht das, was man sehen kann. ICH BIN auch der Wind. Auch der Berg.« Und ich sagte: »ICH BIN du!« Ich konnte es richtig spüren, unmittelbar und ohne jeden Zweifel, dass ich mich als genau dasselbe Wesen fühlte wie Claudia – eins mit ihr geworden durch diese Übung.

Mir wurde klar, dass ich ein tieferes Bewusstsein erreicht hatte, das mir zwar schon immer zur Verfügung gestanden hatte, nur dass ich es erst jetzt ungehindert wahrnehmen konnte. Mir wurde auch klar, unter was für einer Glocke ich normalerweise lebte – der Glocke der »Trennungsillusion«, unter der wir fast alle leben. »Illusion« deshalb, weil wir in Wahrheit nicht getrennt sind. Auf der Außen-Ebene der Form, da sind wir alle unterschiedlich, aber innen, in der inneren Stimme, sind wir alle eins.

Die Begegnung mit der inneren Stimme stärkt Ihre Fähigkeit zu Mitgefühl, und es gibt nichts, was Ihnen zu mehr Glück im Leben verhilft als Mitgefühl. Mitgefühl ist Liebe. Liebe ist das Beglückendste, das es für uns Menschen gibt. Die Begegnung mit der inneren Stimme gibt Ihnen die Basis dafür, ein immer weiter wachsendes Maß an Respekt und Liebe für sich selbst und alle anderen zu entwickeln. Es gibt vermutlich nichts, was Sie mehr bereichern wird als das.

Seit meiner ersten Begegnung mit der inneren Stimme erlebe ich einen unaufhörlich dem Erkennen und Realisieren tiefster Wahrheit entgegenstrebenden Prozess, der aus sich selbst heraus immer umfassender wird. Mit den Jahren habe ich mehr darüber herausgefunden, woran das liegt. Dieses Sein, diese Quelle, diese eine Energie, diese innere Stimme aus unserer Mitte ist nicht nur etwas statisch Ruhendes, ist nicht nur ein ewig schlummerndes Potential, eine Leerheit, ein Zeuge, ein Sein; dieses Sein ist in jedem Augenblick auch immer ein Werden. Ständig verändert sich alles – schauen Sie hin! Alles fließt. In dieser Sekunde, während Sie diese Zeile lesen, produzieren Sie Millionen neuer Körperzellen. Einfach so! Ihr Herz schlägt, Ihr Atem fließt, der Gebirgsbach fließt, die Wolken ziehen weiter, und die Sonne geht auf und sie geht unter. Gedanken tauchen auf in Ihrem Kopf und verschwinden wieder. All das ist der Ausdruck dieser *einen* Bewegung; der Kraft, die Tausende Menschen in einer bevölkerten Fußgängerzone bewegt; die dieselbe Idee an verschiedenen Orten gleichzeitig auf der Welt in Erscheinung treten lässt; die den einzelnen Musikern im Orchester eine wohlklingende Symphonie entlockt. Das Sein ist ein kontinuierlich fließender, dynamischer Fluss, der immer wieder neue Facetten von sich selbst offenbart – kein »festes Zentrum« in uns.

Vielleicht das Schönste an diesem Weg der inneren Stimme ist, dass sich Konflikte und Missstände auf ihm immer effektiver auflösen. Man wird freier, stärker, überzeugender, ehrlicher, begeisterter und begeisternder, sicherer, ruhiger, lebendiger, gesünder und produktiver. Wie das geht und warum es funktioniert, das möchte ich mit Ihnen jetzt genauer anschauen.

Zwölfmal besser

Freier, stärker, überzeugender, ehrlicher, begeisterter und begeisternder, sicherer, ruhiger, lebendiger, gesünder und produktiver ... Das ist eine beeindruckende Aufzählung gesteigerter (Lebens-)Qualitäten. Sie klingt wie ein Versprechen, das zu groß ist, erscheint fast unseriös, weil so viel Gutes und Angenehmes darin vorkommt, dass man es kaum glauben kann. Vor allem, wenn das alles mit nur einer einzigen, konsequent gelebten Strategie möglich sein soll.

Ich verstehe diesen Zweifel. Ich habe selbst eine Stimme in mir, die so spricht. Und doch ist das, was ich Ihnen hier aufliste, das Ergebnis von Tausenden von Beobachtungen, sowohl in meinem eigenen Leben als auch im Leben von Menschen, deren Erkenntnisse und Entwicklungswege ich über viele Jahre begleitet habe. Ich habe schon erwähnt, dass sich, je mehr Sie Ihre innere Stimme leben, Konflikte und Missstände in Ihnen und um Sie herum immer effektiver auflösen. Warum das so ist? Diese Liste gibt Antworten:

1. Sie werden freier.
Solange Sie Ihre innere Stimme noch nicht gefunden haben, wissen Sie nicht, wer Sie in der Tiefe sind. Das macht Ihnen vielleicht nichts aus, denn »was ich nicht weiß, macht mich nicht heiß«. Aber: Solange Sie noch in einem Zustand leben, in dem Sie sich Ihrer wahren Wesensnatur nicht bewusst sind, werden Sie hin- und hergeworfen von unterschiedlichen Impulsen im Innen und Außen. Sie tun Ihr Bestes, operieren und navigieren durch Ihr Leben, so gut Sie können. Aber ohne diese Verankerung tief in sich selbst können Sie unmöglich dasselbe Maß an Lebensqualität und an innerer und äußerer Freiheit realisieren wie mit diesem Wissen über Ihren Wesenskern.

Worin drückt sich diese Freiheit aus? Ich möchte diese Frage mit einem Bild beantworten:

Stellen Sie sich zwei Boote auf einem Ozean vor. Das eine, ein alter Holzkahn, der nicht mehr überall wasserdicht ist, wird gelenkt von einem Freizeitkapitän, etwas dickbäuchig, Mütze tief ins Gesicht gezogen, nicht besonders reflektiert. Er lässt sich von anderen nicht viel sagen und lernt nur dazu, wenn etwas »Schlimmes« passiert. Nennen wir ihn »Egon«. Ich sehe ihn gerade innerlich vor mir. Er mutet an wie ein alternder, besserwisserischer Bär.

Nun Boot Nummer zwei: Ein modernes, mit Hochtechnologie ausgestattetes großes Schiff, nach derzeitigem Stand der Technik gilt es als unsinkbar. Die Crew ist sehr gut ausgebildet, nicht nur technologisch, sondern auch, was den Umgang miteinander, mit unvorhergesehenen Ereignissen und mit anderen Menschen betrifft. Die Intuition der Crew ist ungeheuer gut. Sie haben alles erlebt, Stürme, Schiffbruch, große Erfolge. Das Ziel der Reise ist allen klar. Man kennt sich mit den Routen aus und ist dennoch jeden Moment hellwach und präsent, begegnet dem, was jetzt geschieht, immer achtsam.

Egon legt währenddessen die Füße hoch, schippert auf seinem Kahn auf kleinen Wellen hin und her und wirkt nachlässig.

Was ist der Hauptunterschied zwischen diesen beiden Booten? Warum fühlen Sie sich freier da, wo man gerüstet ist, und weniger frei dort, wo man die Gefahren aufgrund von Gewohnheit und mangelnder Bewusstheit unterschätzt? So ähnlich verhält es sich mit der Lebensreise vieler Menschen. Ich nenne das den »Lebensweg Normal«. Viele schippern mit ihrem Lebenskahn wie Egon nur in vertrauten Gewässern, anstatt die große Reise zu wagen und sich bestmöglich dafür auszustatten. Die Freiheit, die Freude und das Urvertrauen, die damit in Ihr Leben kommen, sind ein Vielfaches von dem, was Sie erleben, wenn Sie wie Egon in Ihrem Leben unterwegs sind.

2. Sie werden stärker.

Die innere Stimme macht Sie stark. Sie ist die stärkste Stimme von allen. Weil sie alles sieht, alles umfasst und immer alles für das größte Gesamtwohl integriert. Je intuitiver Ihnen mit der Zeit der Zugang zu Ihrer inneren Stimme gelingt, umso stärker fühlen Sie sich von innen heraus. Und umso größer wird Ihr Vertrauen, dass Sie unangenehme Situationen, eine aufgewühlte See, meistern können. Nicht deshalb, weil Sie sich »persönlich« unendlich stark wähnen und glauben, Ihnen könne nichts mehr passieren. Das ist eine Illusion des Egos. Das Urvertrauen, das Sie spüren, kommt aus einem Gefühl der Geborgenheit tief im Leben selbst. Nicht in Ihrer Person liegt dieses Urvertrauen, sondern Sie erleben es, weil Sie sich als Teil des großen Ganzen fühlen – darin eingebettet, geborgen, sicher und versorgt.

Das Paradoxe daran ist, dass dies einhergeht mit einem Gefühl von vollkommener Offenheit, Ausgeliefertsein und Verletzbarkeit. »Mutige Verletzbarkeit«, das ist der Zustand des Urvertrauens. Sie spüren dann, Sie sind nur eine von vielen Formen im großen Lebensspiel – und als solche wissen Sie, dass Sie sterblich sind. Zugleich nehmen Sie wahr, Sie sind *eins* mit allem, Sie sind selbst Teil dieses großen Lebenszusammenhangs. Aus dieser »transpersonalen« Identität bekommen Sie Ihr Urvertrauen. (Die Vorstellung, dass ein Mensch, eine Person, je absolut sicher sein könnte, ist Ausdruck eines überhöhten Egos und ein ziemlich anstrengender Kurs.)

3. Sie werden überzeugender.
Die innere Stimme bringt Ihre Wahrheit zum Ausdruck. Das allein macht Sie schon überzeugender. Aber die Sache geht noch weiter. Die innere Stimme gibt es ja nicht nur in Ihnen, sondern auch in allen anderen. Daher machen Sie, je mehr Sie Ihre innere Stimme zum Ausdruck bringen, immer häufiger die Erfahrung, dass andere Menschen Ihnen zu-stimmen. Die innere Stimme in den anderen merkt, dass die innere Stimme durch Sie hindurch spricht. Auf dieser Ebene von Begegnung, Kommunikation und Beziehung sind Sie dem Eins-Sein mit anderen näher als im »Modus Normal«, ohne starken Bezug zu Ihrer inneren Stimme. Dieses Resonanzfeld, das

Sie so kreieren, führt dazu, dass andere Sie als extrem authentisch und dadurch überzeugend wahrnehmen.

4. Sie werden ehrlicher.

Sie haben viele Stimmen in sich. Doch nur eine davon ist die, die ich die innere Stimme nenne. Sie können sich das vorstellen wie in einem Orchester mit vielen Instrumenten, und jedes Instrument im Orchester, jede der einzelnen verschiedenen Stimmen in Ihnen, klingt für sich einzigartig und betont etwas Eigenes (zum Beispiel die Stimme der Vernunft, die Stimme der Lust usw.). Sie sind zwar auch dann ehrlich, wenn Sie irgendeine dieser einzelnen Stimmen ehrlich sprechen lassen, doch andere können dann spüren, dass das nur ein Teil von Ihnen ist, der da spricht. Das wird als weniger ehrlich erlebt als wenn Sie aus Ihrer Mitte, Ihrer inneren Stimme, sprechen. Im Bild wäre das der Dirigent, der das gesamte Orchester zusammenführt und auf stimmige Weise vereint. Die innere Stimme bildet so etwas wie den Schwerpunkt Ihres gesamten Systems. Was aus ihr kommt, wird von mehr Menschen als ehrlich empfunden als wenn nur einzelne Teile von Ihnen sprechen. Die Mitte wirkt am ehrlichsten.

5. Sie werden begeisterter.

Der gerade genannte Zusammenhang ist sehr interessant. Denn man könnte ja sagen: »Naja, die Mitte ... das klingt so langweilig, so erwachsen, so lahm irgendwie!« Weit gefehlt! Die Mitte ist nicht unbedingt immer ausgleichend, die Mitte ist der Quell, dem alles entspringt. Es kommt Zorn, Sie sind Zorn. Es kommt Freude, Sie sind Freude. Jeder Moment begeistert Sie aufs Neue. Ihre Mitte ist der Ort Ihrer größten Lebendigkeit.

6. Sie werden begeisternder.

Ein auf diese Weise leuchtender Mensch strahlt von innen heraus. Er strahlt aus seiner Mitte hinüber zu der Mitte der anderen. Das be-geist-ert. Weil der Ort, aus dem Sie leben, das Bewusstsein ist. Die Leerheit. Das ewige Potential. Ein Ort vor der Form und vor dem Wissen, von dem aus Sie sich in jedem Moment neu und frisch der Welt zuwenden. Chinesen, Afrikaner und Europäer ... Schlangen, Zebras und Dinosaurier ... Steine, Pflanzen, sogar Lampen, Tische und Computer – sie alle sind ein Ausdruck dieses Urgrunds. Sie alle kommen aus dem einen, selben Geist. Je mehr Sie aus diesem »Heiligen Geist« leben, umso mehr werden Sie andere be-geist-ern. Nicht laute »Tschakka«-Rufe reißen Menschen nach Jahren noch vom Hocker, sondern echte Berührung aus der Tiefe und ein Leben, das aus der inneren Stimme heraus gelebt wird.

7. Sie werden sicherer.

Es gibt nichts Nachhaltigeres für Ihre innere Sicherheit als zu wissen, wer Sie wirklich sind und dass nur ein Teil von Ihnen stirbt; dass Ihr Kern unendliches Leben ist – und dass es auch die Möglichkeit gibt, dieses Sein wahrzunehmen und zu spüren.

8. Sie werden ruhiger.

Das beruhigt. Je heftiger die Umstände werden, umso eher gehen wir typischerweise erst einmal in eine Stressreaktion, in eine Panik oder etwas Ähnliches hinein. Die einen fliehen, die anderen greifen an, die nächsten weichen aus, stellen sich tot oder werden starr. Aber es kommt der Moment, da vernehmen wir sie, die innere Stimme. Dann tritt das Empfinden einer Ruhe ein, ein Kontakt mit der zeitlosen Ewigkeit. Nirgends ist mehr Übersicht, mehr Klarheit, mehr Güte, Souveränität und Besonnenheit als hier.

9. Sie werden lebendiger.

Nichts ist lebendiger als die sprudelnde Quelle des Lebens, die Sie im Kern Ihres Wesens sind. Nirgends sonst entstehen komplette Galaxien mit tausend Sternen in wenigen Sekunden. Sie sind das Leben selbst, Teil der Schöpfung und des Schöpfers. Je mehr Sie

Ihrer inneren Stimme folgen, umso kraftvoller, energiereicher, überzeugender, gewinnender und in allen Facetten reicher und voller, ja erfüllter werden Sie Ihr Leben leben können. Ich kenne keinen Weg hin zu mehr Lebendigkeit und Freude als diesen.

10. Sie werden gesünder.

Das alles wirkt sich positiv auf Ihre Psyche und auf Ihren Körper aus. Denn nach und nach durchdringt der Ruf der inneren Stimme alle Areale und Aspekte Ihres Seins. Alle Lebensbereiche werden mehr und mehr davon erfasst, alle Schichten und Tiefen Ihrer Psyche, und Ihrer Seele. Körperlich, seelisch und geistig ist dies ein Weg der Reinigung und Heilung.

11. Sie werden produktiver.

Die innere Stimme bündelt Ihre Kräfte. Sie verzetteln sich weniger. Sie handeln direkt, unprätentiös, fokussiert. Sie verlieren weniger Energie auf Nebenschauplätzen. Sie werden konzentrierter. Vor allem wissen Sie besser, wer Sie sind, wofür Sie hier sind und was Sie mit Ihrem Leben wirklich bewirken wollen. Und das in jeder Situation.

12. Konflikte und Missstände lösen sich effektiver auf.

Die innere Stimme integriert Widersprüche. Sie ist der Weg der Mitte, der Weg zur Mitte, der Weg aus der inneren Mitte heraus in eine äußere Mitte hinein. Sie halten sich weniger mit Streit, Auseinandersetzungen, inneren Widersprüchen und Ambivalenzen auf, weil das für Sie immer sinnloser und unnötiger wird.

Die innere Stimme bringt Ihr Bestes hervor.

Wieso Mut?

Doch bevor es zu all diesen wohltuenden Folgen kommen kann, brauchen Sie auf Ihrem Weg mit der inneren Stimme an erster Stelle eines: Mut! Den Mut, sich trotz Ihrer Anfangs-Angst zu dem zu bekennen, was aus Ihrer eigenen Tiefe nach außen drängt oder spricht. Den Mut, von tief innen nach außen zu leben und immer mehr diese respektvolle Resonanz zu kreieren, die Sie Schritt für Schritt in Ihr persönliches Paradies bringt. Den Mut, das Wunder Ihres Wesens immer mehr zu entfalten und das zu genießen.

Vielleicht sagen Sie jetzt: Aber das sind doch alles ganz wunderbare Dinge. Wieso gehört denn dazu überhaupt Mut? Erinnern Sie sich noch einmal an Heiner K., den Abteilungsleiter, der wie gelähmt in seinem neuen Firmenwagen sitzt – aus Angst vor dem Meeting mit seinem Chef; der noch nicht versteht, was da in letzter Zeit mit ihm los ist …

Weil Sie noch nicht wissen, durch welche persönliche Erweiterung, Befreiung und Veränderung Sie als Nächstes gehen werden und wann und wie sich diese vollzieht, wird es Ihnen anfangs so ergehen wie ihm. Deshalb brauchen Sie auf dem Weg der inneren Stimme Mut. Und Sie benötigen das, was ich die »Sicherheit des Surfers« nenne. Vollkommen lebendig sein, mitten drin im Geschehen des Lebens, in den Umbrüchen, die sich gerade vollziehen, nicht festhalten an rigiden Haltepunkten, sondern surfen, leben, aus dem Augenblick heraus die stimmige Antwort geben – das ist das, was uns die innere Stimme lehrt.

Im Grunde ist es ein Weg der radikalen Unsicherheit: wir wissen nie, was uns im nächsten Moment widerfahren wird. Aber je bereiter wir sind, in den nächsten Moment »hineinzusterben«, umso lebendiger werden wir sein. Nicht heute ist das Leben und irgendwann der Tod, sondern jetzt und hier sterben Sie hinein in den nächsten Augenblick Ihres Lebens.

Sie haben auf diesem Weg nicht die Sicherheit eines schützenden

Hafens oder einer wehrhaften Trutzburg. Und das ist auch gut so. Beide würden Sie nur davon abhalten, Ihr Bestes zu sein. Ein falsches Verständnis von Sicherheit hält Sie davon ab, Ihre innere Stimme zu finden, ihr zu folgen und aus ihr heraus zu leben. Aber auf diese Sicherheit zu verzichten erfordert eben Mut. Einen Mut, den ich den »Mut zum Mensch sein« nennen möchte. Den Mut nämlich, der Mensch zu sein, der Sie wirklich sind. Wer dieser Mensch ist und was er stimmigerweise tut, lebt und entscheidet, das erfahren Sie auf dem Weg der inneren Stimme. Es ist dieser Mut, der es Ihnen ermöglicht, Ihren Weg tief erfüllt und erfolgreich zu gehen. Es ist der Mut, zu Ihrem wahren, strahlenden Wesen, Ihrer Mitte vorzudringen und sich kennenzulernen – mehr als das die Trutzburg Ihres Egos Ihnen je erlauben würde.

Sie werden sich auf diesem Weg Herausforderungen stellen müssen, Situationen, in denen Sie nicht wissen, was geschieht. Dann kommt es darauf an, offen zu bleiben für das Neue, das sich ereignet; sich weiterzuentwickeln in Ihrer persönlichen Evolution. Dieser Prozess ist unaufhaltsam, er vollzieht sich aus sich heraus, ob Sie das wollen oder nicht. Die Frage ist nur, ob Sie ihn annehmen und das Beste daraus machen. Das Leben führt Sie immer tiefer zu sich selbst – und zu immer weiter entwickelten Ausdrucksformen von sich selbst.

Je weniger Sie den dafür nötigen »Mut zum Menschsein« haben, umso mehr geraten Sie in die Situation, dass sich dieser evolutionäre und wandlungsreiche Prozess zwar durch Sie und durch Ihr Leben vollzieht, aber dass Sie währenddessen Unangenehmes erleben, leiden oder sich beklagen, eben weil Sie sich ihm verschließen.

Hier, gleich zu Beginn Ihres Weges mit der inneren Stimme, entscheidet sich viel. Wer hier Farbe bekennt und einsteigt, kann alles gewinnen. Wer sich verweigert und in der »Box« bleiben will, kann viel verlieren beziehungsweise viele Chancen ungelebt verstreichen lassen.

2 Vertrauen – Folge der inneren Stimme

Eine junge Welle hat vergessen, dass sie ein Teil des Meeres ist. Sie fühlt sich nur als Welle, sonst nichts. Der Traum der Welle ist es, einmal am Strand vorne anzukommen. Was sie dort erwartet, weiß sie selbst nicht so genau, aber sie hat das unbestimmte Gefühl, dass es dort schöner sein muss, dass dort das Glück liegt.

Also strengt sie sich an. Mit all ihrer Kraft versucht sie, die anderen Wellen zu überholen, um als erste vorne am Strand zu sein. Sie glaubt, wenn sie nicht all ihren Willen aufbringt, um sich nach vorne zu arbeiten, stehen ihre Chancen schlecht, einmal glücklich zu sein.

Doch wie sehr sie sich auch anstrengt, das Meer zieht sie wieder zurück. Die anderen Wellen werden zwar ebenso vom Meer wieder zurückgezogen, doch unsere Welle ist der Ansicht, dass es ihr dabei schlechter geht als den anderen. Sie versucht es immer wieder aufs Neue, aber ohne Erfolg. Immer wieder entfernt sie sich von ihrem geliebten Strand. Sie sinnt auf einen Ausweg:

Ich könnte ja mal so tun, als wäre ich gar nicht da.

Von da an unterlässt die Welle jede eigene Bewegung. Sie lässt sich treiben von den großen Bewegungen des Meeres und denen der anderen Wellen um sie herum. Sie genießt die Entspannung. Eine Weile tut das gut, dann aber fällt ihr wieder der ersehnte Strand ein. Erneut rappelt sie sich auf und strengt sich an, um ihn zu erreichen. Doch wieder zieht das Meer sie in sich zurück. Sie sinnt auf einen anderen Ausweg:

Ich könnte mich ja mit anderen verbünden.

Sie spricht mit zwei anderen Wellen um sich herum, und die drei Wellen vereinbaren, sich gegenseitig dabei zu helfen, an den Strand zu gelangen. Sie bemühen sich alle drei, diesmal mit vereinten Kräften. Doch dann kommt sie wieder, die große Bewegung des Meeres, und zieht sie mit allen anderen Wellen wieder zurück.

Die junge Welle sinnt auf einen weiteren Ausweg, doch nun fällt ihr keiner mehr ein. Und da, plötzlich, hört sie eine gewaltige Stimme. Sie dringt aus den Tiefen des Meeres zu ihr herauf und fragt: *Warum versuchst du, etwas zu sein, das du nicht bist?* Unsere Welle ist verwirrt. Warum versucht sie, an den Strand zu kommen? Sie verspricht sich davon Freude, Glück und Reichtum. Die Stimme des Meeres fährt fort: *Du bist ich. Ich bin du.*

Da plötzlich überkommt unsere kleine Welle ein bislang unbekanntes Gefühl. Auf einmal kann sie spüren: Ja, ich bin ein Teil vom Meer. Und dieses Meersein gibt ihr ein solch gewaltiges Glücksgefühl, dass sie erkennt: Sie ist in Wahrheit viel mehr als alles, was der Strand ihr jemals geben könnte. Sie fängt an zu begreifen, dass sie schon immer genau am richtigen Ort war – als Welle und als Teil vom Meer.

Der Strand wirkt immer noch freundlich und anziehend, aber die Vorstellung, dass nur die Ankunft an diesem Strand ihr Leben als Welle erfüllen würde, die erkennt sie jetzt als Illusion. Stattdessen ist ihr Wellesein der wahre Reichtum, und alles, was sie darin erlebt, gehört dazu. Ihre Erfüllung liegt jetzt darin, die Welle zu sein, die sie ist, und ein Teil vom Meer. Sie versteht, dass die Befreiung darin liegt, dass sie erkennt: Ich bin die Welle *und* das Meer.

Die Getrenntheit des Menschen vom großen Ganzen

In einem Artikel der *RP Online* vom 29.05.2014 heißt es, die 15 größten Wünsche der Deutschen seien eine Ferienwohnung / ein Ferienhaus, ein tolles Auto, ein Flachbildfernseher, eine schöne neue Küche, eine Digitalkamera, ein Badezimmer, ein Weinkeller, Hifi-Geräte, Notebooks, Schuhe, Mode, Fahrräder, Möbel und Schmuck.

Ich denke: Das alles sind zweifellos schöne Dinge. Aber es sind Äußerlichkeiten. Auch ich habe einmal geglaubt, dass, wenn es mir gelingen würde, viele von solchen schönen Äußerlichkeiten um mich zu scharen, mein Leben ein voller Erfolg wäre. Bis ich verstand: Wenn ich das tue, gebe ich mich mit viel zu wenig zufrieden … Wir alle geben uns einer Illusion hin, wenn wir meinen, dass wir nur durch eine höhere berufliche Position, einen größeren Handlungsspielraum und durch finanzielle Freiheit in der Tiefe zu erfüllteren Menschen würden. Wir sehnen uns nach etwas, das wir noch nicht haben, und versprechen uns davon mehr Erfüllung.

In den letzten 15 Jahren habe ich Vorstandsvorsitzende gecoacht, hundertfache Millionäre, Menschen aus dem Mittelstand und Menschen, die gar nichts mehr hatten. Wenn ich eins dabei gelernt habe, dann das: Egal, was wir außen erreichen, das Gefühl von tiefer Geborgenheit und einem Getragensein im Leben, nach dem wir Menschen uns alle sehnen, stellt sich dadurch nicht ein.

Warum meint der aufstrebende Karrierist, dass ihn die nächste Beförderung glücklicher macht als er heute ist? Weil es irgendwo in ihm ein Mangelgefühl gibt. Warum glaubt der nach Reichtum strebende Mensch, dass ihn Reichtum mehr erfüllt als sein jetziger Zustand? Weil er hofft, damit einen Mangel kompensieren zu können, der ihm auf rationaler Ebene vielleicht gar nicht bewusst ist. Warum will eine Frau ein Leben lang für Männer begehrenswert bleiben? Weil sie unsicher ist und meint, sich durch die Anerkennung der Männer mit sich selbst wohler zu fühlen.

Der Antrieb hinter unseren Sehnsüchten, unserem Streben nach Weiterentwicklung, Erfolg oder Fitness ist oft keiner, der aus einer gesunden Fülle kommt, sondern einer, der einem Mangel entstammt. Aber was ist das für ein Mangel, der uns immer wieder dazu verführt, die Erfüllung im Außen und nicht im Innen zu suchen und uns auch als Gesellschaft so stark darüber zu definieren?

Gehen wir der Sache ein wenig auf den Grund: Als Sie ein Baby waren, waren Sie eins mit der Welt. Sie wussten nicht einmal, dass es Sie gibt. Die Welt, die für Sie die Welt war, war die Welt unmittelbar um Sie herum. Ihre Mami, Ihr Papi, das unmittelbare Bezugsfeld. Weiter konnten Sie damals noch nicht fühlen. Wenn Ihre Eltern Ihnen das gaben, was Sie brauchten, ging es Ihnen gut, und Sie lernten, dem Leben zu vertrauen. Passierte das immer oder oft, dann stehen Sie vermutlich auch heute noch vertrauensvoll und verbunden im Leben. Es gibt solche »unversehrten« Menschen, aber sie sind selten. Die meisten von uns haben in dieser sehr fragilen Zeit Erfahrungen gemacht, die dazu führten, dass wir selbst unsere Verbindung zum Leben gekappt haben.

Hier ein Beispiel aus meinem Leben: Als ich 14 Monate alt war, fing ich mir einen Virus ein. Die Medizin war damals noch der Ansicht, dass es das Beste sei, sogar so ein Kleinkind wie mich wegen der Ansteckungsgefahr für eine Weile zu isolieren. Auch meine Eltern durften nicht zu mir – zehn ganze Tage lang. Ich war zuvor noch nie von meiner Mutter getrennt gewesen, nicht einmal für einen Tag. Wie Sie sich vorstellen können, schrie ich mir die Seele aus dem Leib, doch es half nichts. Irgendwann begriff ich, dass sie nicht kommen würde. Da beschloss ich (natürlich nicht rational, sondern intuitiv), meine Gefühle wie Angst, Einsamkeit und Verlassenheit einfach nicht mehr zu fühlen. Gar nichts mehr zu fühlen. Das ging. In diesem Moment, rettete mir das das Leben.

Wir Menschen sind überaus kreativ, wenn es darum geht, Lösungen für solche lebensgefährliche Situationen zu finden. Solche »Überlebensreaktionen« sind uns im konkreten Moment zwar extrem nützlich, doch sie führen dazu, dass wir etwas tun, das uns später extrem vom Glücklichsein abhält: denn weil wir die unangenehmen Gefühle nicht mehr erleben wollten, haben wir unsere Verbindung mit dem Leben gekappt. Dann fühlen wir uns nur noch als einzelnes Ich und nicht mehr als eins mit allem, was ist, so wie wir es zuvor, als kleines, fragiles Wesen noch getan hatten. Auch für mich waren diese Konsequenzen danach noch viele Jahre spürbar.

Darin liegt der Grund für unser Streben nach Erfüllung im Außen: unbewusst versuchen wir, unserer inneren Getrenntheit vom Ganzen zu entkommen. Und dann wundern wir uns darüber, warum das Gefühl der Verbundenheit, das wir ersehnen, sich nicht einstellt.

Doch weil die Abspaltung in uns drinnen entstanden ist (durch unsere Entscheidung, unsere Verbindung zum Leben zu trennen), können Verbundenheit und Frieden nicht durch Äußerlichkeiten wiederhergestellt werden. Wir können das Problem nur da lösen, wo es entstanden ist; an der Stelle, an der wir wieder offen, verletzbar und verbunden mit dem Leben werden.

80 Prozent Lebensglück

In Tausenden von Coachingstunden habe ich dies immer wieder erlebt: Sobald ein Mensch seine Entscheidungen von damals verstehen und nachfühlen kann, ohne die damit verbundenen Gefühle weghaben zu wollen, fallen alle unliebsamen Einschränkungen, die diese Entscheidung als Konsequenz hatte, von ihm ab. Sein Leben wird komplett anders.

Das Entscheidende dabei ist, dass der betreffende Mensch eines wirklich will: sein Glück wiederfinden. Und dass er bereit ist, alles zu lernen, was dafür notwendig ist. Dafür braucht es keine besonderen psychologischen Kenntnisse, aber die Ehrlichkeit und Offenheit, sich anzuschauen, was da ist, und was man wirklich, wirklich leben möchte. Das lohnt sich.

Denn wenn wir die Verbindung mit dem Leben wiederhergestellt haben, die wir in solchen als lebensbedrohlich empfundenen Situationen abgespalten hatten, wenn wir sie wieder fühlen können, entfalten sich in dieser Verbindung all die Qualitäten, nach denen wir uns im tiefsten Inneren sehnen:

1. Qualität: Unendliches Geborgensein

Wir lieben den Moment, so wie er ist. Unser Selbstwertgefühl ist nicht mehr an Äußerlichkeiten gebunden. Unser Selbstwertgefühl kommt aus dem Sein – in diesem Moment.

Anstatt zum Beispiel nach der großen Karriere zu streben und zu glauben, wenn wir die und die Position erreicht hätten, seien wir endlich wer, können wir die Gegenwart befreit genießen, uneingeschränkt in unserer Hingabe an das, was sich jetzt gerade ereignet. Und können gerade dadurch effektiver und stimmiger unser wahres Potential entfalten als in einem blinden, eifrigen Streben, das seinen Ursprung in einer solchen »Überlebensreaktion« hat. Eine Frau will mit 70 dann nicht mehr wie 35 aussehen, sondern sie liebt den Augenblick, das Leben, wie es sich jetzt entfaltet. Sie sieht die Würde in ihren Falten und dem gelebten Leben, das sich darin zeigt, und mag sich, wie sie ist.

2. Qualität: Güte, Liebe

Viele denken: Liebe ist, wenn Mann und Frau sich treffen und zwischen ihnen eine Anziehungskraft besteht. Dann sind sie füreinander bestimmt, heiraten und sind glücklich für immer. Viele aber erfahren: Die Wahrheit sieht oft anders aus. Mann und Frau haben verschiedene Ansichten, es ist immer wieder auch anstrengend zusammen, nicht nur schön; vieles traut man sich gar nicht mehr zu auszusprechen usw. Das nenne ich die »kleine Liebe«.

Denn es gibt viel mehr als das: Nämlich wenn beide wissen und fühlen, dass sie in tiefer Lebensfreude in jedem Augenblick miteinander verbunden sind; wenn beide auf eine Weise in sich selbst glückselig und frei sind. Dann ist da schon *vor* ihrem Zusammenfinden als Paar ein Lebensgefühl, das so bedingungslos erfüllt und bereichert, dass der gemeinsame Weg zum Sahnehäubchen auf der Torte wird. Dieses bedingungslose Glück kommt von innen, aus ihrem Gefühl zum Leben selbst, es kann nicht durch etwas im Außen gefunden werden – auch nicht durch einen Partner. Das nenne ich die »große Liebe«. Sie ist eine Liebesbeziehung zum Leben selbst – nicht beschränkt auf seine Erscheinungsformen (Partner, Haus, Geld, Job etc.).

3. Qualität: *Geniale Schöpferkraft*
Wenn wir unsere Verbindung mit dem Leben spüren, handeln wir anders. Nicht – wie die kleine Welle am Anfang der Szene – willensbetont und kämpferisch, sondern indem das Leben selbst durch uns hindurch handelt. *Es* denkt meine Gedanken. *Es* atmet mich. *Es* lässt mich einen Fuß vor den anderen setzen. Es ereignet sich einfach. Kein Streben, kein Eifern, kein Wegrennen, kein Unbedingt-haben-Müssen, einfach nur ein »Gelingen lassen«. Ich bin zwar immer noch der, der das alles macht, aber ich habe dabei das Gefühl, dass es ein einziger großer guter Geist ist, der durch mich und auch durch alle anderen hindurch handelt.

4. Qualität: *Urvertrauen*
Früher war ich voller Misstrauen mir selbst und der Welt gegenüber. Ich dachte, die Welt mag mich nicht, so wie ich bin. Die gefühlte Rückverbindung zum Leben füllt uns an mit Urvertrauen. Das bezieht sich nicht nur auf unsere Fähigkeiten, es geht weit darüber hinaus. Denn je mehr wir darauf vertrauen, dass wir mit dem Leben in Liebe verbunden sind, umso mehr vertrauen wir nicht nur auf uns selbst, also auf das, was aus uns herauskommt (Gedanken, Gefühle, Ideen, Taten), sondern wir vertrauen auch allen anderen

Menschen und überhaupt allen Ausdrucksformen des Lebens. Wir fürchten den Tod weniger, sind im Einklang mit dem, was geschieht, und sind zufrieden.

Das heißt nicht, dass wir naiv wären und das Schlechte in uns selbst, in anderen oder in Situationen nicht bemerken würden. Im Gegenteil: wir sehen es viel klarer, schärfer, bedingungsloser und schneller. Aber daneben gelingt es uns immer besser, mit den Dingen umzugehen, so wie sie sind, und auf alle Situationen stimmige Antworten zu finden.

5. Qualität: Selbstvertrauen

Ich kannte einen Jungen, der als Kind klein und schüchtern war und Angst hatte vor größeren Jungen. Mit zunehmendem Alter hat er sich verändert. Heute ist er ein gestandener Mann mit viel Lebenserfahrung und Reife. Und mit Selbstvertrauen. Weil er seine Verbindung zum inneren Selbst wiedergefunden hat im Lauf der Zeit.

Können Sie sich vorstellen, das auch zu schaffen? Ein Selbstvertrauen zu finden, das unendlich ist? Es ist Ihre wahre Natur. Und es fühlt sich toll an!

6. Qualität: Bedingungslose Freude am Leben

Die meisten Menschen freuen sich bedingt. Wir freuen uns, wenn etwas gut läuft. Wir freuen uns, wenn etwas uns angenehm überrascht, wenn sich mal wieder ein alter Freund meldet, den wir seit 20 Jahren nicht mehr gesehen haben. Klar, das sind schöne Momente.

Die Freude aber, die aus der gefühlten Verbindung zum Leben selbst hervorgeht, geht weit über das hinaus. Sie ist unendlich, ewig und ohne jede Bedingung.

7. Qualität: Unsterblichkeit

Jede Welle stirbt. Auch jede Erscheinungsform. Sie. Ich. Alle. Alles. Aber wenn die Welle weiß, sie ist auch das Meer, dann weiß sie, dass auch nach ihrem Tod ihr Meersein niemals enden wird.

Wenn wir die Verbindung zu unserem wahren Selbst fühlen, wissen wir, dass die Essenz von uns unsterblich ist. Weil wir erleben, dass es nur unser Körper, nur unsere Form, das Äußerliche ist, das stirbt. Dadurch verlieren wir die große Angst vor dem Sterben. Das, was wir wirklich sind, ist etwas, das ewig lebt. Wissen Sie, was dieses Gefühl für eine Freiheit in Ihr Leben bringt? Enorm!

Die Verbindung zum wahren Selbst ist das, was Sie erfüllt

80 Prozent Ihres Lebensglücks kommen aus der Verbindung zu Ihrem wahren Selbst. Gelingendes Beziehungsglück bringt noch einmal zehn Prozent und gelingendes »Berufungsglück« weitere zehn Prozent. Das Wissen um diese Relationen ist noch immer nicht sehr weit verbreitet. Wenn Sie heute durch eine Fußgängerzone gehen und die Menschen fragen, ob sie wissen, dass alles, was sie brauchen, um erfüllt zu sein, in ihnen selbst verborgen liegt, schauen Sie nicht selten in fragende Gesichter.

Die Einzigen in unserer Gesellschaft, die von den fundamentalen Zusammenhängen, über die wir hier sprechen, etwas wissen sind manche Seelsorger, Psychotherapeuten, Coaches, Trainer, Lebensberater, Sozialpädagogen und Menschen, die sich für die tieferen Dimensionen des Lebens und damit auch des Lebenserfolges interessieren.

Heutzutage zählt für die meisten Menschen nur das, was sie sehen, zählen, wiegen und messen können. Sie schauen zu oberflächlich auf das Leben – und begreifen es darum nicht. Wir verpassen die Chance, uns in unserer Essenz zu erkennen und unterschätzen unser wahres Potential. Außerdem gedeihen dort, wo diese Fixierung auf das Materielle besonders ausgeprägt ist, Rücksichtslosigkeit, Feindschaft, soziale Kälte und Gewalt – und die Unterschiede zwischen den Menschen werden immer unüberbrückbarer. Nicht gut!

In den 60er-Jahren des vergangenen Jahrhunderts haben das ein paar junge Menschen im Westen erkannt. Sie sind aufgestanden, um der Welt neue Werte zu zeigen: Weg von der Unterdrückung der Frau, hin zur Gleichberechtigung zwischen den Geschlechtern. Weg von der Ausbeutung des Planeten, hin zu einer neuen ökologischen Sensibilität. Keine Akzeptanz mehr von Wertunterschieden, die zwischen Menschen verschiedener Rassen gemacht werden usw. Überall ging und geht es in dieser Wertewelt darum, soziale Distanzen zu überwinden und dafür zu sorgen, dass wir im Zusammenleben friedlicher werden.

Doch auch in dieser Bewegung schütten viele das Kind mit dem Bade aus. Wer zum Beispiel denkt Geld, Erfolg oder Fortschritt seien nicht wichtig, ist meiner Ansicht nach auf keinem gesunden Weg. Mir ist noch niemand begegnet, der sich damit wohlfühlt, wenig Geld zu haben (und das kommt nicht selten vor bei Menschen mit »alternativen« Werten). Meine Beobachtung ist: Wir Menschen wollen erfüllt sein und Erfolg haben. Wir wollen Sinn und Gewinn. Lieben und einen Beitrag leisten. Und nicht das eine dem anderen opfern!

Es geht darum, die guten Absichten beider Positionen zu integrieren und eine Welt zu erschaffen, die einen gesunden materiellen Fortschritt hervorbringt, die aber wurzelt in einer noch klügeren, tieferen Weltsicht.

Die Rückverbindung mit dem Leben, mit unserer wahren Natur und unserem wahren Selbst ist dazu der Schlüssel. Durch sie wird es uns möglich, in allen Bereichen unseres Lebens unser Potential voll zu entfalten. Dieses Potential wird bis jetzt noch massiv unterschätzt, weil viele denken: Spiritualität ist nur etwas für Priester oder Leute, die es im Leben zu nichts gebracht haben. Das ist Unsinn. Erst aus ihr heraus können wir Erfolg und Erfüllung, Innen und Außen so integrieren, dass die Sache Sinn ergibt.

Spiritualität ist mit Abstand die größte Power, die größte Energie und das größte Glück, über das wir verfügen. Lassen wir sie in unseren Alltag Einzug halten und leben wir dieses ungeheure, immense Potential. Worum es dabei wirklich geht, ist unsere Beziehung zum Leben selbst.

Ihre Beziehung zum Leben

Was meine ich damit, wenn ich sage, es gehe um Ihre Beziehung zum Leben selbst? Will ich damit andeuten, dass Sie gar nicht richtig leben? Oder dass ich glaube, Ihre Beziehung zu Ihrem Leben wäre irgendwie unvollständig?

Meine Antwort auf diese Frage ist ein klares: Jein. Denn auf einer Ebene leben Sie natürlich ganz ohne Zweifel: Sie gehen dem nach, was Sie interessiert. Sie fühlen sich lebendig, indem Sie abwechselnd verschiedene Emotionen erleben. Sie fühlen sich lebendig, weil Sie sich anderen Menschen oder der Natur verbunden fühlen. All das ist ein gesunder, stimmiger und vollkommen vollständiger Ausdruck ihres Lebendigseins. Aber an dieser Stelle ist eine Unterscheidung wichtig, mit der ich Ihnen zeigen möchte, dass es ein Unterschied ist, ob Sie mit den *Formen* des Lebens verbunden sind oder mit dem Leben *selbst*.

Unter Formen des Lebens verstehe ich:

- Menschen
- Pflanzen
- Tiere
- Dinge
- Situationen
- Emotionen
- Gedanken
- Empfindungen

Egal, ob wir in einer schönen Villa wohnen, mit einem attraktiven Menschen zusammen sein oder ein uns angenehmes Gefühl empfinden möchten, all das ist Ausdruck einer Tatsache: Wir wollen mit *Formen* des Lebens verbunden sein. Noch genauer: Mit *Ausdrucksformen* des Lebens. Doch das ist nicht dasselbe wie eine Verbindung mit dem Leben selbst zu haben.

Es ist nichts dagegen einzuwenden, eine schöne Villa zu besitzen. Aber die schöne Villa zu haben, ohne dass wir uns mit dem Leben selbst verbunden fühlen, ist nur ein schaler, fader Geschmack im Vergleich zu dem, was wir an Lebensfreude spüren, wenn wir mit dem Leben selbst verbunden sind – auch ohne schöne Villa.

Was ist »das Leben selbst«? Was meine ich, wenn ich das so sage? Es gibt etwas, das sich durch all die verschiedenen Ausdrucksformen ausdrückt. Und das ist das Leben selbst. Versuchen Sie einmal, es zu erspüren. Dafür gibt es eine ganz einfache Übung.

Übung: Die eine Kraft spüren

Gehen Sie, wenn Sie das nächste Mal in der Natur sind, zu einem Baum. Stellen Sie sich ganz nah an ihn heran – und dann umarmen Sie ihn.

Schließen Sie Ihre Augen und spüren Sie achtsam hin. Stellen Sie sich vor, dass es *eine* große Kraft gibt, die sich in der Mitte des Baumes befindet und ihn von dort aus mit allem versorgt, was er braucht. Stellen Sie sich diese Kraft vor, wie sie mit ihrer Energie den Baum von innen heraus leben lässt ... Spüren Sie sie!

In jedem Baum gibt es eine Kraft, die ihn nährt. Erst durchfließen ihre Energien seinen Stamm, dann entwickeln sich daraus die Äste, dann wachsen an ihnen Zweige und an diesen die Blätter. Die Blätter fallen ab durch den Wind, der ebenfalls von dieser Kraft bewegt wird. Wie auch die Wolken am Himmel und überhaupt alles, was vordergründig wie viele getrennte einzelne Bewegungen aussieht: der Mann, der da das Eis kauft ... das Auto, das hier vorbeifährt ... der Minutenzeiger im Geschäft eines Goldschmieds, der jetzt eine Minute weiter springt ... All das wird bewegt von dieser *einen* Kraft.

Ich lade Sie ein, sich bewusst zu machen, dass diese Kraft auch Ihren eigenen Atem bewegt, dieses Auf und Ab, dieses Hinein und Hinaus Ihrer Atembewegungen. Spüren Sie hin ... Merken Sie, wie Ihr Atem von dieser einen Kraft bewegt wird? Ob Sie es wollen oder nicht – Sie atmen. Sie werden geatmet. Es atmet Sie. Und wenn Sie möchten, gehen Sie jetzt noch einen Schritt weiter. Folgende Übung habe ich einmal mit Seminarteilnehmern in einer Fußgängerzone gemacht: Bleiben Sie, während alle Menschen um Sie herum geschäftig unterwegs sind, einfach stehen. Verbinden Sie sich mit Ihrem Atem. Und dann nehmen Sie die *eine* Bewegung wahr, die *alle* Bewegungen von innen heraus veranlasst: Jeden Schritt, den einer geht, jedes Wort, das gesprochen wird, jedes Auto, jedes Geräusch, alle Farben und alle Bewegungen ... Stellen Sie sich vor, dass sie alle facettenreiche Ausdrücke einer einzigen, großen Bewegung des Lebens sind, eines einzigen unendlich großen schöpferischen Prozesses, der alles umfasst, »macht« und bewirkt.

Während Sie diese eine große Bewegung wahrnehmen, stellen Sie sich bitte vor, dass sie ewig ist. Sie hat keine Vergangenheit und keine Zukunft, ereignet sich an jedem Ort und zu jeder Zeit. Spüren Sie, dass diese Bewegung unsterblich ist und alles umfasst? Wie fühlt sie sich an, diese Verbindung zu der *einen* ewigen, großen Bewegung des Lebens?

Sie können diese Übung nicht mit dem Verstand machen. Sie können diese Kraft nicht intellektuell verstehen, sie können sie nur *fühlen*.

Als ich diese Kraft zum ersten Mal gefühlt habe, war das ein Erlebnis wie ein Donnerschlag. Dieser Tag hat mein Leben mehr verändert als alles davor und alles danach (die Geburt meines Sohnes, die so wundervoll war, dass es schwer ist, sie in Worten auszudrücken, inklusive).

Warum sie mein Leben so verändert hat? Weil dieser Ort, dieses

Gefühl, diese Verbindung mir die grundlegendsten Fragen beantwortet hat, die sich mir je gestellt haben:
Wer bin ich?
Wofür bin ich hier?

Moment of Excellence

Das Wunder meines Lebens geschah an einem wunderschönen Sommertag auf Hawaii, an einem einsamen Strand. Ich habe Ihnen schon erzählt, dass ich im Jahr 2000 dort war, um an einem Seminar teilzunehmen. (Thema: »Das Beste aus mir und meinem Leben machen«.) Es war eine äußerst inspirierende und intensive Woche gewesen, bei einem ganz hervorragenden Trainer, und ich hatte mich voll eingebracht. Ich hatte alles gegeben, nichts zurückgehalten und mit mir Tausende andere auch. Sagenhaft, die Energie dort. Diese Power. Diese Freude. Ich war entschlossen, nach Jahren eines gedrückten Lebensgefühls – immer beschäftigt mit der Frage, wer ich bin und was ich wirklich erreichen will mit meinem Leben – endlich »abzuheben«, zu fliegen und die Vision, die sich mir in diesem Seminar erschlossen hatte, umzusetzen. Ich war noch ganz high, beseelt, beglückt, energetisiert und inspiriert davon ...

Dann war das Seminar vorbei und ich auf dem Weg nach Kauai, einem Paradies voll üppiger Vegetation, wo ich noch ein paar Tage Urlaub hinten dranhängen wollte.

Ich fahre am Meer entlang. Die Sonne hat schon zum Sinkflug angesetzt und spiegelt sich rot auf der Oberfläche der quirlig im Wind tanzenden Wellen des unendlich weit wirkenden pazifischen Ozeans. Zeit für eine Pause, denke ich. Ich halte das Auto an und setze mich an diesen paradiesischen Strand. Weit und breit ist kein Mensch zu sehen.

Und da geschieht es. Ganz ohne Ankündigung, wie aus dem Nichts. Ganz plötzlich schießt ein Strom von Tränen durch mich durch. Ich bebe und zittere am ganzen Körper, komme mir vor wie eine Mutter, die ein Kind gebiert, habe keine Ahnung, was da passiert, es macht mir Angst ... Ich weine, weine, weine – heule Rotz und Wasser, ganze Seen voller Tränen, bin zutiefst berührt und weiß noch immer nicht, was mir geschieht ...

Die Tränen werden immer mehr. Es ist, als ob ich einen ganzen Ozean weine. Das ist mit Abstand die intensivste, berührendste, tiefste, herrlichste, liebevollste und paradiesischste Erfahrung, die ich je gemacht habe. Alle Dämme in mir brechen, ich werde befreit und spüre ein ganz ungeheures Potential in mir.

Plötzlich bemerke ich, wie von unten her, aus meinem Bauchraum, ein Satz aufsteigt. Da steigt ein Satz auf, und den werde ich gleich aussprechen. Noch weiß ich nicht die Worte, die da in mir hochkommen, aber ich weiß, ich werde sie gleich sagen. Der Satz formt sich, und berührt von diesen ungeheuren Emotionen, die mich und meinen Körper, jede Faser, jede Pore davon aufsprengen, nehme ich wahr, wie ich sage:

Gott ist in mir, ich bin Gott.

Dabei sehe ich ein gleißend helles Licht (noch nie habe ich etwas Schöneres gesehen.) Jetzt meldet sich mein Verstand zu Wort: »Sag mal, hast Du sie noch alle? Bist Du jetzt völlig bekloppt?« Zugleich ist da ein Gefühl von ewigem Frieden, von einer traumhaften Verbindung zu allem, was ist – zu jeder Welle, jeder Pore meines Körpers, jedem Ort, auch dem kleinsten, den es irgendwo auf der Welt zu irgendeiner Zeit geben könnte ... Ich bin das alles. Ich zerfalle innerlich wie in zwei verschiedene Holgers. Der eine genießt das Schönste, das ich je erlebt habe. So unsagbar, dass es alle Dimensionen sprengt. Der andere wird gesteuert durch den Verstand, der das alles nicht fassen kann ...

Damals wusste ich noch nicht, wie ich diese beiden Seiten in mir zusammenbringen sollte. Noch mehrere Wochen nach dieser ersten Begegnung mit meinem wahren Selbst war ich wie auf einem Höhenflug – und zugleich so geerdet und mitten drin im Leben wie nie zuvor. Ich spürte: Ich war irgendwo angekommen. Noch wusste ich nicht wo, und was das alles genau zu bedeuten hatte, aber eines war mir glasklar: In diesem Moment hatte ich mich neu mit dem Leben verbunden, und der alte, unbewusste Holger, der ich gewesen war, machte Platz für eine neue Dimension von Lebendigkeit, Bewusstheit, Liebe, Glück, Erfolg und Frieden in mir.

Im Rückblick hat mich meine »Neugeburt« vor allem eines gelehrt: Es ist die Verbindung zu dieser Essenz in uns, die es uns erlaubt, unsere Mission, unser wahres Potential – das, was wirklich in uns steckt – zu entfalten, zu erfüllen und ultimativ zu genießen.

Wesentliche Gabelungen

Es gibt Momente, in denen uns das Leben dazu einlädt, einer neuen Spur zu folgen. Ich nenne diese Momente »wesentliche Gabelungen«. Eine solche wesentliche Gabelung war für mich die Zeit vor meiner »Neugeburt« auf Hawaii. Als ich 30 Jahre alt war, war in mir eine Frage aufgekommen, die nach und nach immer drängender wurde:

Was ist der Sinn meines Lebens?

Mich beunruhigte diese Frage. Ich machte meine Arbeit plötzlich immer weniger gern – einen Job, für den ich einige Jahre zuvor alles getan hatte, um ihn zu bekommen. Doch nun begann ich zu merken, dass ich ganze Seiten von mir überhaupt nicht wirklich lebte in dieser Tätigkeit als angestellter Unternehmensberater. Wo war sie geblieben, meine Liebe zur Musik? Mit 15 hatte ich eine Band gegründet, wir hatten Alben aufgenommen und in der Dortmunder Westfalenhalle vor 10 000 Leuten gespielt. Wo war sie, meine Freizeit? Ich arbeitete fast 70 Stunden die Woche, sah oft keinen Menschen außer den Beraterteams und schlief 80 Prozent der Nächte nicht zuhause.

Aber ich hatte Angst. Was würden die Leute, was würde mein

Vater dazu sagen? Wie stünde ich da vor meiner Mutter, vor ehemaligen Kommilitonen, vor meiner Freundin und auch vor meinen Vorgesetzten, wenn ich jetzt sagen würde: »Nee, Leute, ich gebe die Sache auf. Ich mach lieber etwas, das mir wirklich am Herzen liegt. Vielleicht Musik ...« Sicher kennen auch Sie solche Momente der Entscheidung.

Ich hätte das Unbehagen in Bezug auf mein derzeitiges Leben unterdrücken können. Dann wäre ich immer weniger gern zur Arbeit gegangen, meine Leistungen hätten gelitten, ich hätte nicht mehr so dazugehört, wäre immer isolierter geworden, hätte irgendwelche Wege finden müssen, um meine Stimmung aufzuhellen usw. Ich hätte also wegschauen, weglaufen, mich vor dem Problem drücken und so tun können, als wäre es nicht da. Und in der Tat habe ich am Anfang genau das getan. Doch das Problem verschwand nicht. Es klopfte nur immer öfter an meine Tür.

Dann kam der Tag, da wusste ich: Jetzt muss ich mich dem stellen. Es war wie ein tiefer, körperlicher Schmerz. Ich wehrte mich dagegen. Ich hatte mit allen Mitteln versucht, es zu vermeiden, und ich wollte es auch jetzt nicht: hinschauen. Aber mein Schmerz, mein Frust, mein Unwohlsein, weil ich spürte, dass ich nicht wirklich meinen Weg ging, sie alle waren so stark, dass ich keine andere Wahl hatte. Ich hatte einfach nicht länger die Kraft, gegen das anzuleben, was meine tiefere Wahrheit war. So gab ich meinen Widerstand auf und gab mich hin. Ich ließ mich einfach fallen in ein Nichts, ins Ungewisse. Und vertraute.

Bald wurde mir klar, dass es jetzt in meinem Leben nichts Wichtigeres gab, als dass ich mir diese eine Frage, die Frage nach dem Sinn meines Lebens und danach, was ich wirklich, wirklich wollte, ganz klar beantwortete. Das war die Wahl, vor der ich lange gestanden hatte: Hinschauen oder weiter verdrängen. Bis eben der Punkt kam, an dem es nur noch eine Möglichkeit gab: Hinzuschauen, daran zu wachsen und glücklicher dadurch zu werden.

Ich habe mir damals geschworen, dass ich nicht ruhen würde,

bis ich mir die Frage nach dem Sinn meines Lebens kristallklar und in aller Konsequenz beantwortet hätte. Ich habe mich aufgemacht auf diesen Weg, hinein ins Ungewisse. Mir war klar, dass dieser Schritt bedeuten könnte, dass ich meinen aktuellen Job würde verlassen müssen (vielleicht schneller, als mir lieb wäre) – für eine ungewisse Zukunft. Doch ich ging mit der Stimme meines Herzens.

Ungefähr 18 Monate später ereignete sich dann mein »Wunder von Hawaii«: Im Seminar entdeckte ich meine Mission, und kurz danach, am Strand von Kauai, verstand ich die Sache noch viel tiefer. Eineinhalb Jahre vorher aber hatte ich an dieser wesentlichen Gabelung gestanden.

Sie erkennen eine wesentliche Gabelung daran, dass Sie dort vor einer Wahl stehen, die für den Rest Ihres Lebens Bedeutung haben wird. Wesentliche Gabelungen sind Big Points – wie im Tennis. Hier stellen sich Ihnen Fragen wie zum Beispiel:

• Mit wem lebe ich zusammen?
• Welcher Arbeit will ich künftig nachgehen?
• Für was will ich mit meinem Leben stehen?
• Was bedeutet mir Geld? Erfolg? Erfüllung?
• Was gibt meinem Leben wirklich Sinn?

An wesentlichen Gabelungen haben Sie immer die Wahl zwischen zwei Wegen: dem Weg, den Ihr Herz gehen will und dem, den Ihnen Ihr Ego, Ihr Verstand, Ihr innerer Kritiker oder irgendeine andere, von der Verbindung zum Leben abgeschnittene Stimme der Angst einflüstert. Eine Stimme, die Sicherheit wichtiger findet als Liebe, Kontrolle wichtiger als Vertrauen. Und die das reine Überleben und ein oberflächlich kleines Glück, nicht aber höchste Lebensqualität und die Entfaltung Ihres wahren Potentials zum Ziel hat.

Es sind die Big Points, die wesentlichen »Gabelungen« an denen Sie Entscheidungen treffen. Sie werden sie umso erfolgreicher meistern, je klarer Sie schon Ihre innere Stimme hören und ihr folgen.

In der nächsten Übung kommen Sie diesem Zustand vielleicht noch näher. Führen Sie sie Schritt für Schritt so unvoreingenommen wie möglich durch.

Übung: Die innere Stimme

Diese Übung besteht aus neun Fragen. Unter jeder Frage habe ich etwas Platz gelassen, dass Sie Ihre Antworten hier spontan notieren können. Für den Fall, dass der Platz nicht ausreicht, nehmen Sie bitte noch einen Block zur Hand. Gehen Sie einfach eine Frage nach der anderen durch. Antworten Sie bitte unbedingt spontan! Es ist ratsam, jetzt alle Telefone oder sonstigen Störquellen auszuschalten, denn diese Fragen führen Sie nach innen; sie führen Sie zu Ihrer inneren Stimme.

Sie sollten ca. 20 Minuten für diese Übung einplanen. Und nochmals die Bitte: Vertrauen Sie Ihrer ersten intuitiven Antwort und schreiben Sie sie so auf, wie sie Ihnen gerade in den Sinn kommt. Los geht's ...

Frage 1: Erinnern Sie sich jetzt bitte an den bisher schönsten Moment (oder die bisher beglückendste Phase) Ihres Lebens. Wie haben Sie Ihre innere Mitte, Ihren Wesenskern da empfunden (max. drei kurze Antworten)?

Beispiel: Unendlich weit, absolut liebevoll, als eine immense Kraft

Frage 2: Auf einer Skala von 0 bis 10, wie gut nehmen Sie Ihre innere Stimme bisher wahr? (10 = kristallklar in jedem Augenblick, 0 = nie)

Beispiel: 6

Frage 3: Was glauben Sie, ist der Hauptgrund, warum Sie sie bisher noch nicht stärker wahrnehmen?

Beispiel: Ich habe mich darum einfach noch nicht gekümmert.

Frage 4: Auf einer Skala von 0 bis 10, wie hoch schätzen Sie Ihr Lebensglück und Ihren Lebenserfolg aktuell ein?

Beispiel: Lebensglück: 6, Lebenserfolg: 4

Frage 5: Wenn Sie Ihre innere Stimme immer kristallklar wahrnehmen könnten, was würde das mit Ihnen und Ihrem Lebenserfolg machen?

Beispiel: Ich würde ein absolut glücklicher Mensch werden.

... und was würde dadurch dann möglich?

Beispiel: Ich würde strahlend durch mein Leben laufen und wäre anderen Menschen viel mehr zugetan.

... und wenn auch das vollständig wahr geworden wäre, was würde dadurch dann möglich werden?

Beispiel: Ich wäre so zufrieden und froh, dass es mir ein Anliegen werden würde, davon anderen Menschen etwas weiterzugeben.

... und wenn auch diese Absicht von Ihnen vollständig realisiert wäre, was würde dadurch für Sie und Ihr Leben möglich werden?

Beispiel: Ich hätte das Gefühl, mein Leben auf die beste Art zu nutzen, mein Potential zu verwirklichen und es so zu leben, wie es mir bestimmt ist.

Frage 6: Wie oft leben Sie aus Ihrem Ego und wie oft aus Ihrem wahren Selbst? Geben Sie bitte eine Prozent-Verteilung an.

Beispiel: 70 Prozent Ego versus 30 Prozent wahres Selbst

Frage 7: Was sind Ihrer Meinung nach die drei wichtigsten Gründe für diese Prozent-Verteilung? (Welche Ihrer Denkweisen oder Gewohnheiten fallen Ihnen hier als erste ein?)

Beispiele: Dass ich nicht daran glaube, das zu schaffen, was ich wirklich will. Dass ich nicht das Vertrauen habe, dass andere Menschen es wirklich gut mit mir meinen. Dass ich oft unsicher bin und Schwierigkeiten habe, mich festzulegen.

Frage 8: Wie interpretieren Sie selbst das Ergebnis dieser Übung? Was hat Sie überrascht? Gab es einen Aha-Effekt? Wenn ja, welchen?

Beispiel: Ich merke, dass ich es eigentlich nicht verantworten kann, mein Leben so weiterzuführen, wie ich es jetzt tue.

Frage 9: Was haben Sie vor, mit diesem Übungsergebnis anzufangen?

Beispiel: Ich lasse es auf mich wirken und entscheide morgen früh, was ich damit mache.

Sollten Sie in Bezug auf die Wahrnehmung Ihrer inneren Stimme weniger als 5 von 10 Punkten angegeben haben oder Ihrem Lebensglück und/oder Lebenserfolg nur 5 oder weniger Punkte gegeben haben, dann möchte ich Ihnen sagen: Sie sind nicht allein! Solche Zahlen sind, wenn Menschen ehrlich antworten, durchaus üblich.

Hier ist die Auswertung der Übung:
Notzone (0 bis 3 von 10 Punkten):
Wenn Sie bei manchen (oder allen) Antworten 0 bis 3 Punkte vergeben haben, befinden Sie sich in dem Bereich, den ich die »Notzone« nenne. Denn bei einer so niedrigen Lebenszufriedenheit ist Not am Mann. Hier müssen Sie hinschauen und am besten sofort handeln. Das bedeutet: Den Mut finden, auf Ihr Herz zu hören und Wege zulassen, damit das, was es Ihnen sagt, in Ihrem Leben stattfinden kann. Machen Sie kleine Schritte – jede große Bergbesteigung beginnt mit einem ersten Schritt im Basislager. Aber brechen Sie auf! Sie sind an einer wesentlichen Gabelung.

Komfortzone (4 bis 7 von 10 Punkten):
Wenn Sie bei manchen (oder allen) Antworten 5 bis 7 Punkte vergeben haben, sind Sie in der Komfortzone. Dort befinden sich die

meisten Menschen. Dort erleben Sie genug Glück, um nicht in der Notzone zu sein, aber das Ende der Fahnenstange ist für Sie noch nicht erreicht. Denn erst wenn es für Sie nicht mehr in erster Linie darum geht, nicht in der Notzone zu landen, sondern darum, das zu leben, was Ihr Herz am meisten liebt, eröffnet sich Ihnen die Chance, den Weg in die Glückszone zu gehen.

Glückszone (8 bis 10 Punkte):
Wenn Sie zu den Glücklichen gehören, die bei ihren Antworten 8 bis 10 Punkte vergeben haben, kann ich nur sagen: willkommen zu Hause! Sie verstehen schon viel von den Inhalten, um die es hier geht. Darüber freue ich mich – nicht nur für Sie, sondern für jeden, den Sie und Ihr Leben berühren.

Gratulation! Sie gehören zu den wenigen, die sich den wirklich grundlegenden Fragen des Lebens ehrlich gestellt haben. Allein dazu möchte ich Sie schon beglückwünschen. Ich weiß, dass auch Sie auf Ihrem Weg sind, Ihr wahres Potential zu verwirklichen.

Was Sie jetzt wissen sollten ist: In Ihnen gibt es jemanden, der ist dafür verantwortlich, ob Ihre Lebensqualität zwischen 80 und 100 Prozent liegt oder nicht. Ihm wenden wir uns jetzt zu …

Der innere Kritiker

Was bedeutet es, wenn Sie in der Komfort- oder der Notzone sind? Es bedeutet, dass es in Ihnen einen Kameraden gibt, dem Sie noch zu oft zuhören. Er flüstert Ihnen ein, Sie wären nicht gut genug, könnten etwas, das Sie sich wünschen, nicht erreichen, das Leben oder die Menschen wären schlecht oder Ähnliches, und Sie haben ihm bis jetzt noch geglaubt.

So wie Adam. Als er zwei Jahre alt war, trennte sich sein Vater von seiner Mutter – und damit auch von ihm. Seine Mutter, noch jung, war mit der Situation komplett überfordert. Der kleine Adam war natürlich noch völlig davon abhängig, dass seine Mutter sich gut um ihn kümmerte. Das konnte sie aber nicht. Sie vergrub sich in ihrem Leid und vernachlässigte ihn. Sensibel, wie Kinder sind, bekam Adam Angst, nun auch noch die Mutter zu verlieren und reagierte sofort: »Ich muss jetzt ganz doll auf Mami aufpassen und für sie da sein, sonst bin ich am Ende ganz allein.« Von da an entwickelte er die Gewohnheit, die Bedürfnisse anderer Menschen stets vor seine eigenen zu stellen.

Heute ist Adam erwachsen und hat eine Stimme in sich, die sagt: »Nein, Adam, denk nicht so viel an Dich. Du musst erst für die anderen da sein.« Und Adam glaubt ihr. Das ist sein Problem. Das hält ihn davon ab, tief erfüllt zu leben; Adam ist in der Komfortzone gefangen.

Adam hat viele Probleme. Seine Lebenszufriedenheit liegt bei 5 von 10 Punkten. Vor lauter Terminen, die er allen möglichen Leuten zusagt, hat er keine Zeit für sich selbst übrig. Ständig hat er das Gefühl, im Hamsterrad zu laufen und einen Brand nach dem anderen löschen zu müssen. Ihm fehlt die Ruhe, sich auf das zu konzentrieren, was er wirklich will. Er ist nahe am Burnout und sein Arzt sagt, er solle endlich kürzer treten. Seinen Frust über seinen Stress versucht er mit anstrengendem Jogging und Bier am Abend wegzuspülen.

Das alles sind die negativen Folgen seines inneren Kritikers. Dieser gibt ihm immer wieder Anweisungen und macht ihm Vorschriften: »Mach jetzt dies … jetzt das … und das … und sei für die anderen da! Denk nicht an dich, du bist nicht wichtig!«

Kommt Ihnen das bekannt vor? Dann haben Sie auch ein Problem mit Ihrem inneren Kritiker. Wenn Sie jetzt in der Komfortzone oder in der Notzone sind, dann weil er Macht über Sie hat und Sie noch keinen Weg gefunden haben, das zu ändern. Es gibt sieben Erscheinungsformen des inneren Kritikers:

1. *Der Leistungsantreiber (»Mach mehr!«)*: Er fordert ständig höhere Leistungen von Ihnen als die, die Sie bisher schon erbringen. Er glaubt, dass Sie nie gut genug sein werden – und dass Sie höchstens dann, wenn Sie Ihr Allerbestes geben, eine Chance haben auf einen Hauch von Erfüllung im Leben.

2. *Der Unterdrücker (»Das schaffst du nie!«)*: Er macht Sie und andere herunter. Er bringt Sie dazu, aufzugeben und das, was Sie erreichen möchten, nicht mehr für möglich zu halten.

3. *Der Schuldmacher (»Das verdienst du nicht!«)*: Er schiebt Ihnen und anderen die Schuld zu. Permanent sagt er Ihnen, dass Sie es nicht wert sind, das zu leben, was Sie wirklich leben wollen.

4. *Der Zerstörer (»Du hast kein Recht zu leben!«)*: Er geht sehr radikal mit Ihnen und mit anderen um. Wenn Sie etwas tun, das ihm nicht passt, dann hämmert er auf Sie ein und will Sie zerstören. Auch wenn andere das abkriegen, ist es kein Zuckerschlecken …

5. *Der Regelmacher (»Mach es so!«)*: Er hat exakte Vorstellungen davon, wie alles abzulaufen hat. Wenn Sie die Regeln, die er Ihnen gesetzt hat, missachten, wird er Sie (und natürlich auch andere, die das tun) das deutlich spüren lassen. Er zwingt Sie, sich an die Regeln zu halten, ob Sie wollen oder nicht.

6. *Der Perfektionist (»Mach alles richtig!«)*: Er ist von ähnlicher Natur wie der Regelmacher, aber mit einer anderen Betonung: Er will, dass Sie alles hundertprozentig machen. Schlimmer noch: Wenn Sie es nicht hundertprozentig können, bringt er Sie dazu, lieber gleich die Finger davon zu lassen. Das Ergebnis: Sie tun nichts von dem, was Sie wirklich wollen. (Und belasten andere in dem Maß, wie Ihr Perfektionist auch ihnen ihr Handwerk legt.)

7. *Der Kontrolleur (»Du bist furchtbar!«)*: Er ist angstgetrieben. Er muss alles im Leben kontrollieren, allem einen sicheren Rahmen geben, damit es bloß nicht gefährlich werden kann. Ähnlich zwanghaft wie der Regelmacher und der Perfektionist, ist das Grundmotiv für sein Handeln doch ein anderes: Er tut alles, um sich vor Bedrohung zu schützen.

Der innere Kritiker, egal in welcher Erscheinungsform er auftritt, trampelt nicht nur auf Ihren Nerven herum, sondern auch auf denen der anderen. Und die haben ja auch noch ihren eigenen inneren Kritiker an Bord. Halleluja!

Nun gibt es in Ihnen aber auch noch jemand anderen. Ich nenne ihn den »inneren Verteidiger«. Wann immer Sie Ihr innerer Kritiker mit belehrenden und erniedrigenden, zerstörerischen oder kontrollierenden Sätzen unglücklich macht, kommt Ihr innerer Verteidiger auf die innere Bühne und sagt: »Nein, so nicht!« Er versucht, die Dominanz des inneren Kritikers zu brechen und wehrt sich gegen das, was Sie da plagt.

Nun ist es so, dass Sie Ihren eigenen inneren Kritiker nicht so gut erkennen und wahrnehmen wie die inneren Kritiker Ihrer Mitmenschen. Deswegen wehren Sie mithilfe Ihres inneren Verteidigers vor allem im Außen ab, was Sie sich permanent auch im Innen antun. Sie nehmen sich nur als Opfer der inneren Kritiker anderer wahr, nicht auch als Täter, was Sie selbst und andere betrifft (durch das, was Ihr innerer Kritiker macht). Ihr innerer Verteidiger arbeitet sich im Kampf gegen die bösen inneren Kritiker der anderen ab. Und während Sie meinen, das sei etwas richtig Gutes, was er da macht (was es auch ist, denn Sie müssen sich ja nicht den Quatsch von jedem einfach reinziehen), während dieses Gute also geschieht, geschieht zugleich – und zwar unterhalb des Radars Ihrer Wahrnehmung – noch etwas anderes: Ihr innerer Verteidiger vereitelt, dass Sie Ihren eigenen inneren Kritiker sehen oder erkennen. Das ist fatal. Denn egal wie sehr Sie sich verteidigen durch Ihren inneren Verteidiger, für Ihr Lebensglück ist das nicht wirklich relevant. Entscheidend dafür ist, wie stark Ihr innerer Kritiker noch aus dem Verborgenen gegen Sie wirkt. *Das* ist das, was Sie in der Komfortzone oder der Notzone hält, in der Sie sich befinden.

Die gute Nachricht ist: Sie können sich von Ihrem inneren Kritiker befreien. Doch müssen Sie ihn erst richtig kennenlernen. Solange Sie ihn nicht spüren, nicht mit ihm in Kontakt sind und ihn nicht ansehen, können Sie sich auch nicht von seinen einschränkenden, zerstörerischen Attacken befreien. Und solange Sie das nicht tun, werden Sie leiden, und Ihr Leben ist viel schlechter, als es sein muss. Das wollen Sie nicht, oder?

Viele brauchen Mut, um ihrem inneren Kritiker gegenüberzutreten. Er ist kein angenehmer Zeitgenosse. Er bewertet Ihre Gefühle und Ihr Verhalten, manchmal Ihr innerstes Wesen. Er sagt Ihnen, was Sie machen sollen und was nicht. Er kritisiert Sie, wenn Sie seine Erwartungen nicht erfüllen – oder die von anderen Leuten, denen er gefallen will. Er spricht Ihnen die Fähigkeit ab, Glück und Erfolg zu haben. Und er lässt Sie sich schuldig oder beschämt fühlen – ihretwegen oder wegen etwas, das Sie wollen oder tun. All das macht Ihr innerer Kritiker. Nicht nett!

Doch jetzt kommt glücklicherweise noch jemand anderes ins Spiel … Neben dem inneren Kritiker und dem inneren Verteidiger haben Sie in sich auch einen inneren Champion! Er setzt den Attacken Ihres inneren Kritikers Grenzen. Er kümmert sich liebevoll und heilsam um Sie und andere, wenn Ihr innerer Kritiker gerade wütet oder gewütet hat. Er ist intuitiv in der Lage, mit einer größeren Perspektive auf alle Dinge zu schauen, die geschehen, geschehen sind oder geschehen werden. Er hat die Fähigkeit, effektiv und effizient zu handeln und Ziele zu erreichen. Ihr innerer Champion fühlt sich verbunden mit dem Leben und er hört die innere Stimme.

Wissen Sie, was wirklich gut ist? Ihr innerer Champion ist stärker als Ihr innerer Kritiker! Wenn Ihr innerer Kritiker erst erlöst ist, kann auch Ihr innerer Verteidiger zur Ruhe kommen, und alles, was dann von dem ganzen Zauber übrig bleibt, ist Ihre wahre Natur: Ihr innerer Champion. Wie diese Erlösung funktioniert, schauen wir uns jetzt an. Bitte haben Sie dabei Geduld. Wir gehen Schritt für Schritt vor. Sollten Sie jetzt verwirrt sein, wird sich das bald klären.

Die folgende Übung kann Ihnen helfen, sich von Ihrem inneren Kritiker zu befreien. Mit ihr machen Sie Ihren inneren Kritiker zu

Ihrem Helfer und Verbündeten.[1] In fünf Schritten können Sie ihn aufspüren und ihm von Angesicht zu Angesicht begegnen. Sie können sich mit ihm anfreunden und aussöhnen, so dass er seine lästigen Einmischungen im besten Fall für immer sein lässt.

Übung: Den inneren Kritiker verwandeln

Sie brauchen für diese Übung zwei Stühle oder Kissen in einem Abstand zueinander, der es Ihnen leicht ermöglicht, auch mit geschlossenen Augen den Platz zu wechseln.

Schritt 1: Kontakt aufnehmen
Setzen Sie sich entspannt auf einen Stuhl oder auf ein Kissen. Gegenüber von Ihnen ist ein zweiter Stuhl oder ein zweites Kissen. Spüren Sie mit ein paar tiefen Atemzügen in sich hinein. Dann nehmen Sie Kontakt auf zu Ihrem inneren Kritiker. Nehmen Sie dazu einfach wahr, wo er sich jetzt gerade in Ihrem Körper bemerkbar macht. Ist er in Ihrem Kopf? Im Bauch? In Ihrer Schulter? Wo können Sie seine Energie oder seine Stimme jetzt in sich wahrnehmen? Achten Sie dabei auf Verspannungen, Druck, Schmerz oder Angst, die Sie bemerken.

Dann spüren Sie nach, welche Temperatur, welche Beschaffenheit, welche Farbe zu diesem »Innerer-Kritiker-Gefühl«, zu dieser Energie, die Sie jetzt spüren, am besten passt. Intensivieren Sie diese Körperempfindung noch weiter und bitten Sie Ihr Unterbewusstsein, Ihren inneren Kritiker jetzt auf dem Platz Ihnen gegenüber Gestalt annehmen zu lassen.

Wie sieht Ihr innerer Kritiker aus? Bitten Sie Ihr Unterbewusstsein, ein Bild von ihm auftauchen zu lassen, und nehmen Sie es, wie es

---

[1] Diese Übung ist angelehnt an eine Übung aus dem Buch *Den Dämonen Nahrung geben. Buddhistische Techniken zur Konfliktlösung* von Tsültrim Allione (Arkana Verlag 2009).

kommt. Auch wenn Ihnen das im ersten Moment vielleicht Angst macht. Bedenken Sie: Dieses Bild, das da erscheint, ist wie eine Verkleidung. Es ist nicht so wahr, wie es erscheint. Dahinter ist ein kleines, wehrloses, bedürftiges Kind, das nicht weiß, wie es sonst seine Bedürfnisse erfüllen soll als durch diese Erscheinungsform. Betrachten Sie Ihren inneren Kritiker in allen Details: sein Aussehen, seine Haltung, seine Atmung, sein Blick, seine Augen, seine Stimme, seine Bewegungen, seine emotionale Gestimmtheit usw.

Schritt 2: Hinwenden
Stellen Sie ihm jetzt drei Fragen:
1. Was willst du?
2. Was brauchst du wirklich?
3. Wie wirst du dich fühlen, wenn du bekommst, was du wirklich brauchst?

Schritt 3: Bedürfnis erforschen
Jetzt wechseln Sie mit geschlossenen Augen den Platz. Fühlen Sie sich in Ihren inneren Kritiker hinein und antworten Sie als Ihr innerer Kritiker auf die drei Fragen:
1. Was ich will, ist ...
2. Was ich wirklich brauche, ist ...
3. Wenn ich bekomme, was ich brauche, fühle ich ...

Schritt 4: Bedürfnis erfüllen
Wechseln Sie erneut mit geschlossenen Augen zurück auf Ihren eigenen Platz und lassen Sie sich dabei Zeit, in Ruhe anzukommen. Nun stellen Sie sich vor, dass sich Ihr Körper in einen herrlichen Nektar verwandelt, der genau die Qualität des Gefühls besitzt, das der innere Kritiker hätte, wenn er bekäme, was er wirklich braucht. Diesen Nektar bieten Sie Ihrem inneren Kritiker in unendlicher Menge als Nahrung an, bis er so viel davon getrunken hat, dass er nicht mehr papp sagen kann.

Wie verändert sich der innere Kritiker dadurch? Verschwindet er etwa ganz? Oder sitzt nun ein anderes Wesen an seiner Stelle? Ist dieses Wesen vielleicht Ihr Verbündeter?

In den meisten Fällen verwandelt sich der innere Kritiker durch das Trinken des Nektars in einen Verbündeten, ein Krafttier, in einen Freund, der Ihnen dabei hilft, Ihre Lebensziele zu erreichen. Wenn Ihr innerer Kritiker sich nicht in einen Verbündeten verwandelt hat, wiederholen Sie die Schritte 1 bis 4, bis das geschieht.

Schritt 5: Mit dem Verbündeten verbinden
Fragen Sie dieses neue Wesen, diesen Verbündeten:
1. Wie wirst du mir helfen?
2. Wie wirst du mich schützen?
3. Was versprichst du mir?
4. Wie kann ich mit dir Kontakt aufnehmen?

Wechseln Sie wieder den Platz und antworten Sie als der Verbündete:
1. Ich helfe dir, indem …
2. Ich schütze dich, indem …
3. Ich verspreche dir …

Du kannst mit mir Kontakt aufnehmen, indem … Kommen Sie abschließend an Ihren eigenen Platz zurück und stellen Sie sich vor, wie der Verbündete sich in Licht auflöst. Nehmen Sie dieses Licht als die Energie des Verbündeten in sich auf.

Auch nach dieser Übung können Sie weiter mit Ihrem Verbündeten in Kontakt treten, ihm zum Beispiel Fragen stellen und dann das tun, was er Ihnen empfiehlt. Durch die Verwandlung des inneren Kritikers eröffnet sich Ihnen eine große Chance: Sie werden frei, Ihrer inneren Stimme zu folgen und mehr das Leben zu führen, das Sie wirklich wollen (8–10 Punkte: Glückszone).

Die zwei Arten von Sicherheit

Bis jetzt haben Sie geglaubt, in der »kleinen Sicherheit«, die Ihnen Ihr innerer Kritiker bietet, lägen Ihre besten Möglichkeiten. Ich vergleiche diese Sicherheit gern mit der eines Hafens, der mit riesigen Flutstaumauern gegen die Wellen, die vom Meer her kommen, geschützt ist. Sie sitzen in Ihrem kleinen gemütlichen Hafenrestaurant und haben es ganz nett, aber eine hohe Lebensqualität ist hinter diesen Schutzmauern schlicht unmöglich.

Wenn Sie erkennen, dass es noch eine viel größere Sicherheit für Sie gibt, die da anfängt, wo der einschüchternde Schutz des inneren Kritikers aufhört, können Sie diesen Kritiker in einen Verbündeten verwandeln. Umso mehr wird auch Ihr innerer Verteidiger erlöst. Und wenn das geschieht, geschieht noch etwas anderes Wunderbares: An der Stelle kommen Sie in Kontakt mit Ihrem inneren Kind!

Ihr inneres Kind ist der Teil in Ihnen, der das Leben spielerisch genießt, der seinen Impulsen und Ideen folgt, frei und unbeschwert. (Wenn Sie selbst ein Kind haben, wissen Sie, was ich meine.) Ihr inneres Kind will einfach spielen und das tun, was ihm gerade in den Sinn kommt. Je befreiter es sich ausdrücken darf, umso freier leben Sie Ihr Leben und Ihr Potential. Dann wagen Sie plötzlich all das, was Sie vorher jahrzehntelang zwar wollten, aber nicht konnten. Immer mehr eröffnet sich Ihnen dann die Chance, in der »großen Sicherheit« zu landen. Sie trauen sich aus dem Hafenrestaurant und später auch aus dem Hafen selbst heraus. Mithilfe Ihres inneren Kindes lernen Sie, auf einem Surfbrett erst zu stehen, dann Ihren Stand auf diesem Surfbrett (Ihres Lebens) zu stabilisieren, und schließlich kommt der Tag, da reiten Sie auf Ihrem Surfbrett die perfekte Welle Ihres Lebens. Das ist der Tag, an dem Sie wissen, dass Sie genau das leben, was Sie wirklich, wirklich wollen. Sie sind außerhalb der Hafenmauern bereit, Ihrer inneren Stimme zu folgen und dem Leben und sich selbst ultimativ zu vertrauen.

Vertrauen ins Leben

Jahrzehntelang habe ich geglaubt, die Welt sei ein bedrohlicher Ort. Ich habe geglaubt, die Menschen wollten mich nicht so haben, wie ich bin und traute mich daher nicht aus dem Hafen heraus. Erst als ich genauer hinschaute, wurde mir klar, dass die Wahrheit ganz anders aussieht: die Welt ist kein bedrohlicher Ort. Wenn ich objektiv Bilanz ziehe, kann ich sagen: Weit weniger als ein Prozent aller Momente und zwischenmenschlicher Interaktionen, die sich in meinem Leben ereignen, haben wirklich etwas Bedrohliches für mich. Es ist also nicht wahr, dass die Welt für mich ein bedrohlicher Ort ist. Es war niemals wahr. So wenig wie die Einsagungen meines inneren Kritikers jemals wahr waren. Kein Funke davon. Nichts. Nie.

So ist das mit dem Hafen. Wir brauchen ihn nicht, um uns vor dem Meer zu schützen, dass ist eine Illusion. Die Frage, um die es geht, lautet: Welcher Stimme glauben Sie? Der Stimme Ihres inneren Kritikers und inneren Verteidigers? Den Stimmen von denen, die Ihnen weismachen wollen, dass Sie nichts taugen oder dass Ihr Lebenstraum nicht zu erfüllen ist – nur weil jene sich ihres eigenen inneren Kritikers und Verteidigers noch nicht bewusst geworden sind?

Oder glauben Sie lieber einer anderen Stimme, der Stimme Ihres Innersten, der Stimme des Meeres, der Seele, Ihres Herzens, Ihres wahren Selbst? Und damit auch der Stimme Ihres inneren Kindes – das ihn hört, diesen Ruf des Lebens, der Sie zu Ihrer perfekten Welle führt?

Welcher Stimme wollen Sie folgen und wie viel Vertrauen ins Leben sind Sie bereit aufzubringen? Es ist Ihre Entscheidung, wem Sie glauben. Sie haben das immer schon entschieden. Sie können der Stimme Ihres ängstigenden Schwindlers im Kopf weiter zuhören und glauben, dass er Ihnen die Wahrheit sagt. In dem Maß, wie Sie das tun, bleiben Sie gefangen in Ihren Illusionen und können Ihr Potential nicht realisieren.

Sie können die perfekte Welle surfen. Das weiß ich. Aber glauben Sie es mir auch? Glauben Sie daran? Ihr Glaube ist entscheidend, und Ihr Glaube ist eine Entscheidung. Eine Entscheidung, die Sie in dem Maß frei werden zu treffen, in dem Sie sich von der Last Ihres inneren Kritikers und Verteidigers befreit haben. Nur Sie können das. Keiner sonst. Und zwar deshalb, weil auch nur Sie allein Ihren inneren Kritiker und Verteidiger erschaffen haben. Deshalb können auch nur Sie sie wieder in das verwandeln, was sie sind und immer waren: Energie, Kraft, Lebensfreude, Erfüllung und schöpferische Produktivität.

Je mehr Sie sich dazu entscheiden, Ihrer inneren Stimme zu folgen, umso mehr Dinge geschehen, die Sie vorher als Wunder bezeichnet hätten – weil Sie nicht geglaubt haben, dass Ihr Leben und Ihr Lebensgefühl so schön werden können ... Sind Sie bereit für den nächsten Schritt? Treten wir sie an, die Reise zum »Himmel auf Erden«.

3 Hingabe – Füge dich der inneren Stimme

Markus ist 44 Jahre alt und arbeitet selbständig als Coach und Trainer. Er weiß genau, was er mit seiner Arbeit bewirken will, aber sein finanzieller Erfolg ist noch nicht auf dem Niveau, auf dem er ihn gern hätte. Alles Mögliche hat Markus in den letzten Jahren versucht. Er hat Verkaufsstrategien studiert, Marketingmethoden erlernt, angewendet und immer weiter optimiert, und doch verdient er mit seinem Geschäft noch sehr viel weniger Geld, als er möchte. Markus leidet unter seinem mangelnden Erfolg. Schon seit mehreren Jahren investiert er sehr viel Hingabe, Zeit, Energie und auch Geld, um sein neues Business richtig in Fahrt zu bringen, doch wie sehr er sich auch bemüht, nichts scheint zu fruchten. Das macht Markus auch persönlich schwer zu schaffen, denn tief in sich hat er ein Bewertungssystem, das etwa so lautet:

Wenn du es in deinem Leben nicht fertigbringst, finanziell erfolgreich zu sein, bist du ein Versager.

Markus will nichts mehr als endlich die Anerkennung bekommen, die er zu verdienen glaubt. Er sehnt sich nach dem Gefühl, es »geschafft zu haben«. Morgens wacht er auf mit dem Gedanken, dass er nicht mehr viel Zeit hat, um sein Business zum Erfolg zu führen, auch weil ihm langsam das Geld ausgeht. Außerdem denkt er daran, dass er jetzt 44 Jahre alt ist, da sollte er doch längst ein gemachter Mann sein. Andere haben in diesem Alter schon finanziell ausgesorgt, besitzen Häuser, reisen mit ihren Familien um die Welt und können es sich leisten, an den wirklich schönen Skiorten Urlaub zu machen. Rücklagen fürs Alter haben sie auch schon und entsprechend selbstsicher treten sie auf – die Menschen, an die Markus jetzt öfter denkt.

Innerlich rumort es heftig in ihm. Immer wieder begegnet er in sich der Sehnsucht, doch endlich auch zu diesen erfolgreichen Menschen zu gehören. Manchmal regen sich leise Zweifel in ihm, ob sein Weg der richtige ist. Er hatte ursprünglich eine Karriere als Bankkaufmann eingeschlagen, aber das hatte ihm ab einem bestimmten Punkt in seiner Laufbahn nicht mehr genug Erfüllung gegeben. Jetzt steht Markus vor einer tiefen Gewissens-und Sinnfrage: Hätte er lieber in der Bank bleiben sollen?

Immer wieder stellt er sich diese Frage. Und immer wieder, wenn er in sein Herz hineinhört, spürt er, dass es richtig war, nicht länger in der Bank zu bleiben, sondern Coach und Trainer zu werden. Und immer dann, wenn er das spürt, fühlt er einen tiefen Frieden in sich. Sein Herz wird weit, und er fühlt sich mit sich und dem Leben wohl.

Doch dieser Friede wird fast täglich unterbrochen von dieser nagenden, fordernden Stimme in ihm:

Markus, du wirst erst dann zufrieden sein können, wenn du endlich genug Geld gemacht hast, dass du sagen kannst: Ich hab das auch geschafft. So wie die vielen anderen, die du darum so beneidest.

Also strampelt Markus weiter. Er arbeitet an seiner Zielgruppe, an seinen Produkten, an der Preislage seiner Angebote. Er schaut sich Konkurrenten an, die erfolgreich sind, und versucht von ihnen zu lernen. Oft ist er im Internet und findet dort neue Weiterbildungsangebote, Online-Videokurse zum Beispiel, und er investiert in neues Know-how. Markus ist hin- und hergerissen zwischen zwei Stimmen, die ihn immer wieder in verschiedene Richtungen ziehen. Die eine sagt: *Sei deinem Herzen treu.*

Und die andere raunt: *Solange du nicht viel Geld verdienst, ist das alles keine Sache, die ich ernst nehmen kann.*

Freunde und Bekannte, mit denen Markus spricht, versuchen ihn zu trösten. Sie sagen, das sei doch normal, ein Geschäftsaufbau dauere eben zwischen drei und sieben Jahren. Egal in welcher

Branche, damit müsse man schon rechnen. Aber für Markus sind solche Sätze kein Trost. Es ist nun einmal so, dass er sich schon seit Jahrzehnten wünscht, erfolgreich zu sein. Er orientiert sich an den Bildern, die er in den Medien präsentiert bekommt, an den Mächtigen und Erfolgreichen, über die in den Magazinen berichtet wird und die den Lauf der Welt zu steuern scheinen. Auch Markus möchte seine Spur hinterlassen. Er spürt in sich den Wunsch, für die Welt etwas Gutes zu tun. Er spürt, dass auch er das Zeug dazu hat, eine Führungskraft zu sein. Doch sind seine Mittel noch so begrenzt …

Die Aufgabe des eigenen Willens

Warum macht Markus diese Erfahrung?

- Weil er sich an einem gesellschaftlichen Vorbild orientiert, das den finanziellen Erfolg als Maßstab für ein gelingendes Leben hernimmt.
- Weil er an diesen Maßstab glaubt und deshalb seine Herzensentscheidung für den Beruf als Coach und Trainer immer wieder infrage stellt.
- Weil er so stark dazu neigt, sich selbst und seinen Erfolg darüber zu definieren, wie viel Geld er verdient, dass er den Weg, den er von Herzen gewählt hat, nicht genug genießen und mit nicht genug Geduld gehen kann.

Das alles führt dazu, dass Markus permanent angespannt ist, sich nicht optimal konzentrieren kann und die Chancen, die ihm den nachhaltig besten Geschäftsaufbau ermöglichen würden, vor lauter Nervosität und Geldstreben gar nicht sieht oder sie verpasst.

Beispiele wie dieses gibt es oft in der Gründerszene. Menschen, die die Entscheidung treffen, ihre Arbeit mit mehr Sinn zu erfüllen, haben nicht selten eine Zerreißprobe zu bestehen:

- Auf der einen Seite ist da die *Stimme des Herzens*, die den psychischen und sozialen Druck eines finanziellen Risikos auf sich nimmt, um die vielen Stunden, die man mit Arbeit beschäftigt ist, gesund und sinnvoll zu verbringen.

- Auf der anderen Seite ist da der *psychische und soziale Druck*, in dieser Gesellschaft zu bestehen, sich durchzusetzen, erfolgreich zu sein, und es ist da die Angst, dass das alles nicht schnell genug klappt.

Viele Männer – und neuerdings auch immer mehr Frauen – orientieren sich am Bild des Gewinners. Sie können den Augenblick und das Leben, das sie jetzt im Moment führen, kaum genießen, weil immer der Leistungsdruck da ist, Erfolg zu haben. Solange dieser Erfolg nicht erreicht ist, so glauben sie, haben sie und ihr Leben keinen großen Wert.

Der Grund hierfür liegt in der in unserer Gesellschaft vorherrschenden Werteorientierung. Die Zeiten, in denen wir einem starken Anführer nachgelaufen sind, sind längst vorbei. Auch haben wir uns mehr und mehr verabschiedet von klassenmäßigen Herrschaftssystemen. Heute folgen wir in der Regel einem anderen gesellschaftlichen Leitbild, das sich mit den folgenden Begriffen so umreißen lässt:

- Leistung
- Wohlstand / finanzieller Reichtum
- Produktivität, Effektivität, Effizienz
- Gewinnen / Durchsetzen
- Machen / Bewegen

Das ist gesellschaftlich anerkannt. Hierin liegt ein Fortschritt gegenüber früheren Gesellschaftssystemen, in denen der Einzelne weit weniger frei war, sich persönlich zu entfalten. Und doch liegt auch in diesem Leitbild eine starke und viel Leid kreierende Verkürzung, denn:

1. Dieses Leitbild verführt dazu, den Menschen als eine Produktivitätsmaschine anzusehen. Gefühle und alles Psychische, Seelische, Unsichtbare werden verdrängt oder zumindest für viel unwichtiger gehalten als der wirtschaftliche Output, die Stückzahlen, die Marktanteile, die Quartalsgewinne, der materielle Besitz usw. Das aber wird der Gesamtheit dessen, was wir als Menschen sind und wollen, nur unzureichend gerecht.

2. Es geht davon aus, dass vor allem materieller Wohlstand und dessen Maximierung Menschen glücklich und gesund macht. Das ist aber nur zum Teil wahr.

3. Es überhöht und verzerrt die Bedeutung von Geld. Geld ermöglicht es uns, Dinge, die wir lieben, in die Welt zu bringen und aus ihr zu bekommen, doch es per se zum Ziel zu erklären, ergibt keinen Sinn.

Für Menschen wie Markus erschwert das die Sache, weil die gesellschaftliche Maxime sie in Konflikt mit ihrer inneren Wahrheit bringt. Wenn aber Menschen ihre innere Wahrheit nicht leben, werden sie unzufrieden, zunehmend unerträglich und irgendwann krank. Sie können dann nicht mehr die Bereicherung für die Welt sein, die sie von Natur aus sind. Dann läuft etwas falsch!

Was sollen wir tun mit unserem Willen?

Ist Markus selbst wirklich so scharf auf viel Geld? Ist er so erzogen worden? Wie bewusst ist er sich darüber, ob er nicht einfach einen Leitwert unserer Gesellschaft übernimmt, um Anerkennung von außen zu bekommen? Wenn dem so ist, wie frei ist er dann als Mensch? Fragen wie diese sind entscheidend, wenn wir unser wahres Selbst verwirklichen wollen. Es geht darum, uns bewusst zu machen, wofür wir stehen, was uns wichtig ist und wohin uns unser Herzensweg führt.

An dieser Stelle lohnt es sich, den gesellschaftlichen Leitwert namens wirtschaftlicher Erfolg genauer unter die Lupe zu nehmen und zu schauen, ob dieser Wert wirklich stimmig für uns ist. Die Frage, die ich hier mit Ihnen erörtern möchte, lautet: Welche Bedingungen müssten gegeben sein, damit dieser Leitwert für unsere Gesellschaft wirklich stimmig wäre? Drei Bedingungen fallen mir als Antwort ein:

1. *Die meisten Menschen müssten vorwiegend dadurch motiviert sein, in der Welt etwas zu bewegen, Dinge zu verändern, und möglichst viel persönlichen Erfolg zu haben.* Vielen aber reicht es aus, zufrieden mit ihren Liebsten zu leben und eine Arbeit zu haben, die sie ernährt. Die vielbeschworene *Produktivitätsthese* (»Hauptsache, wir produzieren immer mehr, dann können wir auch immer mehr absetzen und mehr wirtschaftlichen Wohlstand für alle schaffen«) führt zwar zu mehr Wachstum, doch in Wahrheit profitieren von diesem Wachstum nur wenige. Die Kluft zwischen arm und reich wird größer, die Gewinner im System sind eine Minderheit.

2. *Menschen müssten sich vorwiegend über ihre äußeren Besitztümer und ihren Erfolg definieren und damit identifizieren.* Um das zu tun, muss ein Mensch glauben, dass er umso mehr Anerkennung bekommt und umso selbstzufriedener und selbstbewusster wird, je mehr Geld und materiellen Erfolg er hat. Das aber geht an der Wirklichkeit vieler Menschen vorbei. Oft bedeuten Liebe, Zugehörigkeit und ein friedliches Miteinander den Menschen mehr und nähren sie nachhaltiger als finanzieller Konsum, Erfolg und Wohlstand.

3. *Menschen müssten daran glauben, dass ganz viel Machen, Bewegen und Leisten ihre Lebenszufriedenheit nachhaltig mehr steigert als alles andere.* Tatsache ist, dass in uns allen eine natürliche Leistungsbereitschaft und ein Selbstverwirklichungswunsch vorhanden sind, die dazu führen, dass wir gern produktiv sind, zu etwas beitragen oder uns für etwas hingeben, das wir für wertvoll halten. Wenn unser Fokus hingegen darauf liegt, möglichst viel zu machen, zu bewegen, zu leisten und produktiven Output zu schaffen, ist das

oft eher ein Zeichen für eine nicht tief in sich ruhende, sondern auf Anerkennung von außen angewiesene Persönlichkeit als für einen gesunden, natürlichen Selbstausdruck, der aus der inneren Stimme kommt.

Zusammenfassend lässt sich sagen: Das gesellschaftliche Leitbild, dem wir alle, unsere Wirtschaft, unsere Politik, unsere Medien heute folgen, ist ein Leitbild, das nicht der tiefsten und wahrsten Motivationslage der Menschen entspricht. Doch weil das System an dieser Stelle seinen Bewusstseinsschwerpunkt hat, bleibt es all jenen, die in ihm leben und darin ihre innere Stimme hören und verwirklichen wollen, nicht erspart, sich bestmöglich mit ihm zu arrangieren und zu versuchen, ihre eigenen Motivationen mit dem alles dominierenden gesellschaftlichen Leitbild abzustimmen. Denn wir alle möchten zu der Gemeinschaft, in der wir leben, dazugehören. Menschen wollen

• überleben,
• Sicherheit und Abwechslung,
• das Gefühl haben, persönlich für andere bedeutsam zu sein,
• Zugehörigkeit,
• persönlich wachsen und
• einen Beitrag leisten, der für sie und andere Sinn ergibt.

Das sind die wichtigsten Werte von uns Menschen.[2] Die ersten vier Werte sind *Basiswerte*. Ihre Erfüllung führt zu einer Art Grundzufriedenheit im Leben. Die letzten beiden Werte sind *Selbstverwirklichungswerte*. Ihre Erfüllung führt zu einem tiefen Gefühl persönlicher Erfülltheit.

Weil Überleben, Sicherheit, Zugehörigkeit und das Gefühl, für

---

[2] Diese Werteliste stammt von dem US-amerikanischen Life-Coach Anthony Robbins. Er hat sie u. a. in seinem DVD-Set *Love & Passion – Ultimate Relationship Program* veröffentlicht (© 2007 Robbins Research International, Inc.).

andere bedeutsam zu sein, für uns alle wesentliche Grundwerte sind, versuchen wir, uns mit dem gesellschaftlichen Leitwert zu arrangieren (auch dann, wenn es nicht mit unseren persönlichen Werten übereinstimmt). Das bringt all jene, die wie Markus sich selbst verwirklichen möchten, in einen Konflikt: Um ihre Basiswerte erfüllt zu bekommen, müssen sie ein Auskommen finden, das sich am gesellschaftlichen Leitwert orientiert. Solch ein Auskommen wiederum lässt die Selbstverwirklichungswerte meist unerfüllt. Selbstverwirklichung ist etwas, das man in dieser Gesellschaft auf eigene Faust zustande bringen muss. Dabei gilt es, sich darüber klar zu werden, worauf man seinen Willen ausrichten will:

• Auf das gesellschaftliche Leitbild?
• Auf das, was man in der Erziehung gelernt und vorgelebt bekommen hat?
• Oder auf das, was den wahren eigenen Werten und Wünschen entspricht (und von da aus arrangiert man sich bestmöglich mit dem vorhandenen Leitbild)?

Immer dann, wenn Ihr eigener Wille (wie bei Markus) Ihnen einflüstert, dass Sie noch etwas Bestimmtes erreichen müssen, und wenn Sie Ihren Selbstwert an diesem noch zu Erreichenden festmachen, leiden Sie! Weil Sie sich in dem Maß, wie Sie es noch nicht erreicht haben, nicht annehmen können. Das kostet Sie Kraft, Zufriedenheit, Gesundheit, Freude und Erfülltheit – allesamt Dinge, die mehr Erfolg bringen als jedes Marketingversprechen. Klüger wäre, Ihren eigenen Willen Ihrer inneren Stimme unterzuordnen.

Wie Sie es schaffen, Ihren eigenen Willen Ihrer inneren Stimme unterzuordnen, und warum dadurch auch Ihre Wünsche und Bedürfnisse erfüllt werden, darum geht es im weiteren Verlauf dieses Kapitels. Wir werden uns dem Schritt für Schritt nähern. Der erste Schritt ist, dass Sie verstehen, dass Sie und ich und wir alle uns zu jedem Zeitpunkt unseres Lebens in einem von drei Zuständen befinden ...

Die drei Seinszustände

Sehen wir uns zunächst drei Szenen an, wie sie sich im Leben abspielen können, und widmen wir uns danach ihren Gemeinsamkeiten:

Im ersten Beispiel steht ein Paar vor der Entscheidung, wohin es in Urlaub fahren soll. Er will lieber in den Süden, sie in den Norden. Für diese Situation gibt es mehrere Lösungen. Hier drei davon:

1. Er macht, was er will – und sie macht mit oder nicht.
2. Er macht, was sie will.
3. Beide einigen sich auf einen Kompromiss (zum Beispiel, dass sie jetzt gemeinsam in den Norden fahren und dafür nächstes Jahr zusammen in den Süden).

Zweites Beispiel: Eine Unternehmerin möchte mit ihrer Geschäftsidee erfolgreich sein. Hier wieder drei Möglichkeiten, wie sie mit der Situation umgehen kann:

1. Weil die Frau nach Erfolg giert, holt sie sich so viel davon, wie sie bekommen kann.
2. Sie ist sich ihres Selbstwerts und dem Wert des Produkts, das sie anbietet, nicht ausreichend bewusst. Der Erfolg stellt sich nicht ein und sie leidet.
3. Sie weiß, was das, was sie zu geben hat, wert ist und erlaubt sich, dafür einen adäquaten Preis zu verlangen.

Für das dritte Beispiel stellen Sie sich bitte ein sinkendes Schiff vor. Drei Menschen sind noch an Bord – ein Mann, eine Frau und ein zwölfjähriges Mädchen. Nur einer von ihnen kann einen Platz im letzten verfügbaren Rettungsboot bekommen. Auch hier seien wieder drei Lösungsmöglichkeiten genannt:

1. Der Mann springt einfach ins Rettungsboot. Er weiß, es ist nur noch wenig Zeit, und er hofft, er kommt damit durch.
2. Die Frau wäre auch gern gesprungen, traut sich aber nicht.

3. Die Erwachsenen fragen sich, wer von den dreien am ehesten überleben sollte, wovon die Welt am meisten hätte. Sie entscheiden, dass das Mädchen ins Boot springen soll.

Diese Beispiele zeigen uns drei Zustände, in denen wir Menschen uns in jedem Moment unseres Lebens befinden:

1. *Zustand: Gier*
In diesem Zustand haben Sie Scheuklappen auf. Es geht Ihnen nur um sich und um das, was Sie wollen. Sie sind ganz darauf fokussiert, sich das zu nehmen, was Sie haben möchten.

* Gier ist ein Zustand des Habenwollens. Gier ist ein Zustand von Enge. Gier ist ein Zustand, der in Mangel gründet, da Gier zwangsweise begleitet ist von dem Gefühl, dass das, was Sie wollen, jetzt sein *muss*, weil sonst irgendein Unheil droht, oder zumindest etwas, das Sie nicht erleben / fühlen wollen.
* Gier nimmt keine Rücksicht auf andere. Gier kennt nur noch Sie selbst, das, was Sie wollen, und die Kraft, mit der Sie gewillt sind, das durchzusetzen.
* Gier (oder Begehren) tritt aktiv oder passiv auf. Aktiv, wenn Sie von sich aus etwas begehren, passiv, wenn Sie sich unangenehm berührt fühlen und entschlossen sind, das rachsüchtig zu kontern.

2. *Zustand: Angst*
Angst ist ein Zustand, in dem Sie sich innerlich verweigern. Sie wollen eine bestimmte Erfahrung jetzt nicht machen, weil Sie befürchten, dass diese Erfahrung unangenehme Konsequenzen für Sie hat.

* Angst führt dazu, dass Sie Ihre Lebendigkeit nicht leben.
* Angst lässt Sie glauben, dass die Welt oder zumindest Ihre Umgebung Ihnen nicht wohlgesonnen ist. Angst lässt Sie sich ins innere Schneckenhaus zurückziehen.

• Je öfter Sie aus Angst handeln (beziehungsweise nicht handeln), umso mehr entsteht in Ihnen das Gefühl des Habenwollens. Wo Angst regiert, wird Verantwortung verweigert, und ein blühendes Leben kann nicht entstehen.

3. Zustand: innere Mitte

Im Zustand der inneren Mitte sind Sie eins mit Ihrer inneren Stimme.
• Das Gefühl, das Sie hier durchfließt, ist die Verbundenheit mit allem. Sie spüren eine unendliche Weite, einen Frieden, eine Stimmigkeit im Jetzt.
• Sie sind sich selbst, diesem Moment und der ganzen Welt wohlmeinend zugewandt.
• Aus diesem Zustand heraus treffen Sie Ihre besten Entscheidungen. Weil Sie im Einklang mit allem sind, was ist, ist auch alles, was Sie machen, stimmig und gesund.
• Die Welt antwortet Ihnen stimmig, und Ihr Glück wird groß, zugleich fühlen Sie Dankbarkeit und treten nicht eingebildet auf.

Die drei Zustände schließen sich übrigens gegenseitig aus. Entweder Sie empfinden Gier oder Angst oder Sie sind in Ihrer Mitte. Wir Menschen sind wie dreifarbige LED-Anzeigen: Wir springen die ganze Zeit zwischen diesen drei Zuständen hin und her.

Übung: Die drei Seinszustände

Beobachten Sie sich bitte 24 Stunden lang im Alltag. Wie häufig treten diese drei Zustände in Ihrem Leben auf? Wie kann es Ihnen gelingen, sich aus dem Zustand der Gier oder dem der Angst wieder zurück in Ihre Mitte zu führen (listen Sie Ihre spontanen Einfälle dazu auf):

•

•

•

Wann immer Sie aus dem Zustand der Gier handeln, fügen Sie sich selbst und anderen Leid zu. Wann immer sie aus dem Zustand der Angst handeln (auch wenn sie das Gefühl haben, nicht anders zu können), fügen Sie sich selbst und anderen mehr Leid zu. Gier und Angst sind wie Skylla und Charybdis.[3] Sie sind die beiden Pole Ihres Egos, die Sie davon abhalten, Ihr wahres Selbst zu leben. Je häufiger es Ihnen gelingt, Ihren inneren Stimmen der Gier und der Angst nicht zu glauben und ihnen nicht zu folgen, umso freier werden Sie, sich der Führung Ihrer inneren Stimme anzuvertrauen.

Das Energiezentrum im Bauch

Ich möchte Ihnen an dieser Stelle zwei Wege ans Herz legen, auf denen es Ihnen immer wieder zuverlässig und gut gelingen kann, Zustände von Gier und Angst zu überwinden und im Zustand Ihrer inneren Mitte zu landen. Der erste von ihnen ist aufwändiger, und wir haben ihn bereits besprochen: Im letzten Kapitel sind Sie Ihrem inneren Kritiker und Ihrem inneren Verteidiger schon begegnet. Je öfter Sie üben, diese Energien aus Ihrer Mitte heraus zu verwandeln, umso leichter wird Ihnen diese Transformation fallen. So wie ein Sportler, der beim Muskeltraining zehn Wiederholungen macht, den größten Trainingseffekt aus der zehnten Wiederholung herausholt, so ist es auch hier: Je mehr Sie jede Unstimmigkeit, jedes Gefühl von Leid, von Angst oder von Gier zum Anlass nehmen, sich sofort, so gut Sie können, zurückzubesinnen auf den Zustand Ihrer Mitte, umso leichter und meisterhafter wird es Ihnen gelingen, immer natürlicher von da aus zu leben und zu handeln.

---

[3] Skylla und Charybdis sind die zwei Meeresungeheuer, zwischen denen Odysseus sein Schiff hindurchlenkt. Sie stehen für eine Situation, in der man sich zwischen zwei Gefahren befindet. Weicht man der einen Gefahr aus, begibt man sich in die andere. Es gilt, den richtigen Weg hindurchzufinden.

Damit Ihnen das künftig noch leichter fällt, zeige ich Ihnen jetzt noch einen anderen Zugang zu Ihrer inneren Mitte. Dafür werde ich Sie durch eine Übung hindurchführen, in der Sie sich mit Ihrer inneren Mitte verbinden können, und Sie einladen, für zwei Beispiele vom Beginn dieses Abschnitts die stimmige Lösung zu erkennen.

Übung: Das Energiezentrum

Für die folgende Übung bitte ich Sie, sich auf Ihren Körper und Ihre Gefühle zu konzentrieren und Ihrem Unterbewussten zu erlauben, Bilder in Ihnen entstehen zu lassen. Lassen Sie sich von Ihren Gefühlen und Bildern intuitiv führen – sie sind wie ein Fluss von Ereignissen, der Sie mitnimmt. Sie wissen nicht, was Sie hierbei erleben werden. Lassen Sie es zu und folgen Sie Ihren Gefühlen und Bildern. Nähern Sie sich dieser Übung nicht logisch denkend, denn Ihr rationaler Verstand kann Ihnen den Zugang zu dem, worum es hier geht, nicht erschließen. Ihn gilt es sanft beiseite zu lassen und sich einzulassen auf die Gefühle und Bilder. Okay?

Bitte lenken Sie Ihre Aufmerksamkeit jetzt auf die Mitte Ihres Bauches. Da, wo Ihr Bauchnabel ist, da legen Sie jetzt bitte Ihre rechte Hand hin. Streicheln Sie Ihren Bauchnabel und das Gebiet etwa 5 bis 10 cm um ihn herum mit langsamen, liebevoll kreisenden Bewegungen.

Nun stellen Sie sich vor, wie ein Energiefeld, das den Anfang in der Mitte Ihres Bauchnabels hat, sich spiralförmig ausdehnt. In bunten Farben, die so wirken, als würde das ganze Leben mit all seinen Erscheinungsformen darin enthalten sein, breitet sich diese Energiespirale, dieses Energiefeld immer weiter aus ... Schon bald ist kein Reiben Ihrer Hand mehr nötig, sondern das Energiefeld wird aus sich heraus immer größer.

Bitten Sie Ihr Unterbewusstes, Sie dieses Energiezentrum auch vor Ihrem geistigen Auge sehen zu lassen. Fühlen Sie es, sehen Sie es

und genießen Sie, wie dieses Energiefeld sich immer weiter ausdehnt. Irgendwann ist Ihr ganzer Körper, selbst bei in die Luft ge-
streckten Armen und Beinen, komplett in diesem Energiefeld enthalten. Und es geht noch weiter: Das Energiefeld dehnt sich immer
weiter aus ...

Stellen Sie sich vor, wie dieses Energiefeld, das seinen Anfang in
der Mitte Ihres Bauchnabels genommen hat, irgendwann größer
als das Haus ist, in dem Sie sich jetzt befinden ... Als der Ort, in dem
Sie sich gerade befinden ... Als der Planet, auf dem Sie sich in diesem Augenblick befinden ...

Und während Sie sich auf diese Weise allem Leben und dem
unendlichen Raum verbunden fühlen, wenden Sie sich dem ersten
der beschriebenen Beispiele zu, dem Paar und seinem Urlaubsort.
Welche der drei angebotenen Lösungen für diese Situation scheint
Ihnen nun auf Anhieb stimmig? (Bitte nehmen Sie die erste intuitive
Antwort wahr, die Ihnen ins Bewusstsein kommt.)

Dann wenden Sie sich – während Sie mit dem sich immer weiter
ausdehnenden Energiefeld verbunden bleiben – dem zweiten Beispiel zu: Die Unternehmerin holt sich alles, was sie kriegen kann. Wie
sehr im Einklang mit diesem Energiefeld fühlt sich das an? Sie kann
sich und ihren Selbstwert gering schätzen und daher zögern, ihre
Idee zum Erfolg zu führen. Wie viel oder wenig im Einklang mit diesem Energiefeld, das Sie jetzt spüren, steht das? Und sie kann wissen (weil ihre innere Stimme es ihr sagt), was das, was sie anbietet,
tatsächlich wert ist und sich erlauben, einen fairen Gegenwert dafür zu nehmen.

Merken Sie, wie stimmig, zutiefst wahr und im Einklang mit allen
Beteiligten die Antworten sind, die Sie innerlich erhalten, wenn Sie
sich mit dem all-einen Energiefeld verbunden fühlen?

Die innere Stimme weiß immer die besten Antworten.

Menschliche Meisterschaft

Menschliche Meisterschaft nenne ich den Weg, auf dem Sie lernen, sich immer mehr der Führung Ihrer inneren Stimme anzuvertrauen. Es ist ein Weg in vier Schritten:

1. Unbewusst unbewusst
Ihr Verhalten ist durchzogen von vielen Momenten der Gier und der Angst. Sie wollen, dass andere das tun, was Sie von ihnen erwarten. Sie verraten Ihre eigene Wahrheit, weil Sie fürchten, sonst mit anderen aneinander zu geraten, und weil Sie es sich selbst oder den anderen nicht zutrauen, damit fertigzuwerden. Sie glauben, ohne ein bestimmtes Ziel zu erreichen, sind Sie oder Ihr Leben nichts wert. All das sind Ausdrucksformen von Gier und Angst. In dem Maß, wie Sie der Gier und der Angst unterliegen, sind Sie »unbewusst unbewusst«. Damit ist gemeint: Ohne es zu wissen, leben Sie nicht aus dem Zustand Ihrer inneren Mitte. Bei sehr viel unbewusster Unbewusstheit ist Ihr Leben eine Qual.

2. Bewusst unbewusst
Sie bemerken, wann und wie Sie in Zustände von Angst und Gier hineingeraten. Je mehr von diesen Momenten Ihnen bewusst auffallen, umso mehr Bewusstheit bringen Sie in Ihr noch oft unbewusstes Denken, Fühlen und Handeln hinein. Die Folge davon ist, dass die Momente, in denen Sie in Angst- und Gierzustände hineingeraten, immer weniger werden.

3. Bewusst bewusst
Nachdem Sie nun schon oft bewusst wahrnehmen, wann und wie sich unbewusste Zustände in Ihnen einstellen wollen, gehen Sie den nächsten und wichtigsten von den hier beschriebenen vier Schritten: Sie bringen Bewusstheit in Ihr Handeln hinein. Wann immer Sie sich dabei ertappen, aus einem Zustand der Angst oder

Gier heraus denken, fühlen oder handeln zu wollen, verändern Sie Ihren Fokus und verbinden sich mit Ihrer inneren Mitte.

Verbinden Sie sich der Fühlübung aus Kapitel zwei oder der Energiezentrums-Übung aus Kapitel drei (oder durch einen anderen Zugang, der für Sie noch passender ist) mit Ihrer inneren Mitte beziehungsweise vernehmen den Klang Ihrer inneren Stimme.

Der Übergang vom dritten zum vierten Schritt ist fließend. Nicht nur weil sich aufgrund von Schritt zwei immer seltener Momente ergeben, in denen Sie in Angst- und Gierzustände hineingeraten, sondern auch, weil Sie aufgrund von Schritt drei immer besser in der Lage sind, Bewusstheit in Ihr Handeln hineinzubringen.

4. *Unbewusst bewusst*

Je öfter Sie sich dazu entschieden haben, Ihre innere Mitte ins Spiel zu bringen, und je öfter Sie dann das getan haben, wozu Ihre innere Stimme Ihnen geraten hat, umso selbstverständlicher und leichter werden Sie von dieser geführt werden. Was zunächst eine Vielzahl von Malen willentlich von Ihnen herbeigeführt werden musste (indem Sie Ihre innere Stimme bewusst »angerufen« haben), wird immer mehr zu einem Automatismus. Immer mehr übernimmt Ihre innere Stimme die Führung in Ihrem Leben. Immer mehr wird das Ihre »Identität«.

Und weil Sie gelernt haben, dass es keine besseren Antworten gibt als die, die Sie von dort empfangen, geben Sie sich dieser inneren Führung immer leichter hin. Wenn diese Hingabe zu einem selbstverständlichen Dauerzustand geworden ist, ist »unbewusste Bewusstheit«, ein Erfüllung und Erlösung bringender Glückszustand, als dauerhaftes Lebensgefühl erreicht.

Menschliche Meisterschaft bei Führungskräften

Je mehr Verantwortung jemand übernimmt, über umso mehr menschliche Meisterschaft sollte er verfügen. Leider ist das aber oft nicht der Fall. Im Jahr 1999 arbeitete ich einige Monate als Personalberater im Auftrag von Professor Klaus Schwab, dem Gründer des Weltwirtschaftsforums in Davos. Gemeinsam mit einem Seniorpartner aus unserem weltweit tätigen Personalberatungsunternehmen führte ich 120 persönliche Gespräche mit Vorständen und Aufsichtsräten aus vielen Ländern Europas. Dabei lernte ich Männer und Frauen kennen, deren Gesicht ich bisher nur aus Wirtschaftsmagazinen oder dem Fernsehen gekannt hatte. Ein spannendes Projekt. Doch was mich dieses Projekt gelehrt hat, hatte ich so nicht erwartet:

Nur drei bis fünf Prozent unserer Gesprächspartner waren Menschen, die ich von ihrer Bewusstseinsentwicklung her so einschätzte, dass sie ein hohes Maß an menschlicher Meisterschaft erreicht hatten. Ansonsten begegnete mir dort viel unbewusste Unbewusstheit.

Mich hat das erschreckt – und das tut es noch immer. Denn wenn ein Mensch ein hohes Maß an unbewusster Unbewusstheit in seinem Verhalten zeigt, baden das alle aus, die er mit seinen Entscheidungen und Handlungen berührt. Er kreiert Leid – anstatt zum Wohl für viele beizutragen, was die Aufgabe von Menschen in solchen Positionen sein sollte.

Bitte nicht falsch verstehen: Es geht mir nicht darum, hier irgendjemanden anzuschwärzen oder zu entehren. Aber Bewusstheit, diese Hingabe an die Führung der inneren Stimme und des all-einenden Energiefelds, bedeutet, dass wir aus einem allumfassenden Mitgefühl heraus denken und handeln. Aus dieser Perspektive und gefühlten Verbindung zum Leben selbst ist ein Verantwortungsträger bestmöglich dazu in der Lage, zum nachhaltigen Wohl aller beizutragen.

Unser Weg zu menschlicher Meisterschaft ermöglicht es uns, uns selbst immer besser zu verstehen. Er führt uns durch drei Entwicklungsstadien:[4]

1. *Ich*

Hauptsache, mir geht es gut. Hauptsache, ich erreiche die Dinge, die ich möchte. Hauptsache, ich mache Karriere. Hauptsache, ich verdiene Geld.

2. *Das »kleine Wir«*

Hauptsache, mir und meinen Liebsten kann nichts passieren. Hauptsache, wir bei uns (in unserer Firma / unserem Land) sind gut dran. Hauptsache, wir sind die Sieger im Wettbewerb. Hauptsache, wir machen Gewinn.

3. *Das »große Wir«*

Hauptsache, alle haben möglichst viel davon. Hauptsache, die Lösungen dienen dem Ganzen. Hauptsache, das Wohl der Welt wird nachhaltig gestärkt. Hauptsache, wir kreieren für die Schöpfung einen zusätzlichen Wert.

Leider steckt das Bewusstsein vieler Verantwortungsträger noch im Entwicklungsstadium des »Ich« oder des »kleinen Wir«. Das »große Wir« ist die Ausnahme. Menschen, die dieses Stadium erreicht haben, feiern wir als bedeutende Führungspersönlichkeiten (zum Beispiel Mahatma Gandhi, Nelson Mandela oder Martin Luther King). Dabei ist das Einzige, was sie von anderen unterscheidet,

---

4 Diese Einteilung ist angelehnt an das in der bahnbrechenden Arbeit des
· US-amerikanischen Bewusstseinsforschers Ken Wilber häufig verwendete
Modell der »Bewusstseinsebenen« (u. a. in Ken Wilber: *Ganzheitlich handeln*,
Arbor Verlag, 6. Aufl. 2006), das er auf der Basis der Arbeiten anderer Forscher
(u. a. Loevinger, Cook-Greuter, Beck) entwickelt und zusammengeführt hat.

dass sie ihre Mitte, ihre innere Stimme – also das, was unser aller natürlicher Wesenszustand ist – zum Ausgangs- und Bezugspunkt ihrer Lebensführung machen.

Auf dem Weg zu menschlicher Meisterschaft ereignen sich immer wieder außergewöhnliche und sehr besondere Momente. Ihnen ist der nun folgende Abschnitt gewidmet.

Durchbrüche und ähnliche Erfahrungen

Ein Raucher hört nach 40 Jahren Raucherei plötzlich auf damit. Schon seit vielen Jahren hat er sich das immer wieder vorgenommen, war jedoch bisher nie in der Lage, es wirklich umzusetzen. Bis sich eines schönen Tages plötzlich seine sechsjährige Tochter auf seinen Schoß setzt und sagt: »Papi, meine Lehrerin hat gesagt, dass du vielleicht bald stirbst. Ich will nicht, dass du stirbst. Ich will, dass du dabei bist, wenn ich später mal mein Kind so lieb in den Armen halte wie du jetzt mich.« Beim Vater schlagen diese Sätze ein wie der Blitz. Er fühlt, wie schön es wäre, mit seiner Tochter dieses Erlebnis zu teilen, und dieses Gefühl bedeutet ihm so viel, dass er es schafft, sein Laster endgültig aufzugeben.

Eine 48-jährige Frau bekommt von ihrem Arzt die Diagnose Asthma mitgeteilt. Zum ersten Mal hat sie etwas in sich, das von der Schulmedizin als unheilbare Krankheit bezeichnet wird. Ihr macht das verständlicherweise Angst. Plötzlich erinnert sie sich daran, dass ihr eine befreundete Heilpraktikerin einmal gesagt hat, dass eine Entzündung (wie Asthma) eigentlich ein Heilungsprozess des Körpers sei, und dass es deshalb nicht sinnvoll sei, sie zu bekämpfen oder mit Medikamenten den Körper daran zu hindern, sich natürlich zu heilen. Die Frau sagt daher zu ihrer Entzündung: »Ich werde Dich nicht bekämpfen. Ich möchte Dich verstehen und ich möchte, dass wir gemeinsam heilen.« Daraufhin zieht sich das Symptom innerhalb der nächsten 24 Stunden fast vollständig zurück.

Ein Fußballer hat eine zehnjährige Bundesligakarriere und 23 Länderspiele für die Fußballnationalmannschaft hinter sich. Danach outet er sich als homosexuell.

Was haben diese drei Szenen gemeinsam? Sie alle beschreiben einen Moment, der das Leben eines Menschen für immer verändert. Der Weg der menschlichen Meisterschaft ist gepflastert mit solchen Momenten. Neue Symptome tauchen auf, neue Muster werden erkannt und durchschaut, neue Einsichten werden gewonnen, neue Entscheidungen werden getroffen, neue Gewohnheiten werden geboren und weiterentwickelt. Auf diese Weise wachsen wir dem Ziel, unserer menschlichen Meisterschaft, entgegen. Dabei ist es nützlich, drei Arten von Durchbrüchen und ähnlichen Erfahrungen zu unterscheiden:

1. *Einsichtserfahrungen:*
Einsichtserfahrungen sind kleine Durchbruchsmomente. Es sind die Augenblicke, in denen es uns gelingt, eine neue Perspektive einzunehmen, in denen wir eine Einsicht haben oder etwas dazulernen – etwas, das wir eventuell sogar sofort in unsere augenblickliche Handlung einfließen lassen können.

Beispiel: Ihre Partnerin macht sich Sorgen, wie sie es schaffen kann, heute Nachmittag noch ihrem Sohn bei seinen Hausaufgaben zu helfen, ihre Pilates-Stunde zu nehmen, beim Möbelhändler zwei Sachen für die Einrichtung eines neuen Zimmers zu besorgen und noch mehrere Besprechungen bei der Arbeit zu leiten. Sie bemerken, dass sie sehr daran denkt, es allen recht zu machen und gerade dabei ist, ihre eigenen Bedürfnisse zu übersehen und zu opfern. Sie sagen zu ihr: »Schatz, bitte vergiss dabei nicht dich selbst. Wenn was liegen bleibt, kann ich dir am Wochenende dabei helfen.« Sie machen sie auf etwas aufmerksam, auf das sie selbst vorher nicht geachtet hatte und dem sie zustimmt. So haben sie Ihrer Partnerin zu einer Einsichtserfahrung verholfen.

Einsichtserfahrungen gibt es viele, jeden Tag machen wir mehrere davon. Sie führen allerdings nicht zwangsläufig dazu, dass wir unser Verhalten am betroffenen Punkt für immer ändern, denn vieles gerät wieder in Vergessenheit. Aber jetzt und hier bewirken sie eine Veränderung.

2. Stufenerfahrungen:

Stufenerfahrungen sind Durchbrüche größerer Art. Durch sie wird unser Bewusstsein auf eine neue Stufe gehoben, von der wir danach nicht wieder herabsteigen.

Stufenerfahrungen sind einschneidende, oft lebensverändernde Geschehnisse. Krankheiten, ein Verlust des Jobs oder des Partners, finanzielle Rückschläge und ähnliche Ereignisse entpuppen sich im Rückblick nicht selten als Stufenerfahrungen. Sie alle sind Geschenke auf unserem Weg zur menschlichen Meisterschaft, wenn wir sie dafür richtig nutzen können. (Beispiel: Wenn die sechsjährige Tochter bei ihrem Vater mit einem Satz etwas zustande bringt, zu dem er vorher trotz jahrzehntelanger Bemühungen nicht in der Lage war, liegt eine Stufenerfahrung vor.) Eine Stufenerfahrung ist ein Quantensprung in unserer Bewusstseinsentwicklung.

3. Vollendungserfahrungen:

Wir Menschen wachsen in immer noch vollständigere Versionen von uns selbst hinein. Insofern wäre es nicht richtig, je davon zu sprechen, dass es eine Erfahrung geben könnte, die uns »komplett vollendet«. Es geschehen uns aber Dinge, die von solcher Tragweite für unser Leben und dessen stimmige Entfaltung sind, dass ich sie in einer eigenen Erfahrungskategorie würdigen möchte.

Streng genommen sind Vollendungserfahrungen auch Stufenerfahrungen, aber sie sind Stufenerfahrungen der besonderen Art. Sie sind extrem selten und verändern unser Leben sofort und für immer. Dazu zählen unter anderem die erste Begegnung mit dem wahren Selbst (Erleuchtungserfahrung), die Begegnung mit der großen Liebe des Lebens (Seelenpartnerschaft) oder die Entdeckung der eigenen Bestimmung (Berufung).

Beispiel: Kurz nach meiner ersten Begegnung mit dem göttlichen Licht, der Essenz unseres Wesens war in mir der starke Wunsch entstanden, zu einer möglichst vollständigen Verkörperung von diesem essenziellen Bewusstsein zu werden, was ich dort auf Hawaii gefühlt hatte. 14 Jahre später spürte ich, dass dieses Ziel, plötzlich erreicht war. Nicht vollständig natürlich, das wird nie so sein, aber ich konnte merken, dass es in dem Maß erreicht war, dass ich mir gewünscht und wofür ich lange gelebt hatte. Vollendungserfahrungen sind sehr entscheidend für unser Leben. Wir begegnen den uns bestimmten Wegen und Formen. Wählen wir sie und lassen wir uns darauf ein, sie zu verkörpern, wird sich ein Füllhorn des Glücks über uns ergießen. Tun wir es nicht oder können wir dieses Glück noch nicht halten, kreieren wir Leid für uns und andere. Vollendungserfahrungen sind Fügungen des Schicksals – solche Momente sind größer als wir, und das Einzige, was uns bleibt, um glücklich zu werden, ist, uns hinzugeben.

Wir können auf unserem Weg zu menschlicher Meisterschaft nie wissen, wie und wann uns eine Stufen- oder Vollendungserfahrung bevorsteht. Sie widerfahren uns einfach. Einsichtserfahrungen hingegen erleben wir täglich und wir können lernen, auf eine konstruktive Weise mit ihnen umzugehen. Seit vielen Jahren ehre ich daher den Leitsatz:

Jeder Moment ist mein Lehrer.

Wenn auch Sie ihn beherzigen und aus allem lernen wollen, was Ihnen widerfährt, kommen Sie gar nicht umhin, irgendwann – Sie werden spüren, wenn es soweit ist – an dem lebensverändernden Punkt anzukommen, den ich »51:49« nenne.

51:49 – Die Waage kippt für immer

Bevor ich darauf eingehe, was ich mit dem 51:49-Punkt meine, möchte ich kurz auf ein Thema zu sprechen kommen, das für Ihren Weg zu menschlicher Meisterschaft eine große Bedeutung hat: Entscheidungen.

»Ich weiß doch, was meine Berufung ist. Aber ich weiß nicht, ob ich das hinkriege … Ich habe so viel Angst davor. Die vielen Menschen und ihre Erwartungen … Ob das Geld reicht? Ob ich es schaffe, damit genug zu verdienen …? Und überhaupt: Mich selbst zu vermarkten, dafür bin ich doch überhaupt nicht der Typ!«

Das, was wir wirklich, wirklich wollen, verlangt uns manchmal Entscheidungen ab, die uns Neuland betreten lassen. Das kann verunsichern und unerlöste Themen aus unserer Vergangenheit (Persönlichkeitsblockaden, Traumata oder Ähnliches) in unser Bewusstsein bringen.

»Ja, ich weiß, es gab da diesen wundervollen Moment zwischen uns. Als wir im Wohnzimmer standen und ich plötzlich wusste, dass ich mit dir ein Kind haben möchte. Es war wie ein Wunder, wie eine Botschaft aus dem Himmel. Ich schäme mich dafür, dass du dich jetzt so an mir abarbeiten musst, damit wir das mit dem Kind tatsächlich durchziehen. Aber ich habe solche Angst, meine Freiheit zu verlieren und mich nicht mehr genug meinem beruflichen Erfolg widmen zu können. Bei dem Gedanken daran werde ich immer panisch!«

Das, was wir wirklich, wirklich wollen, verlangt uns manchmal Entscheidungen ab, die zu treffen wir uns nicht in der Lage fühlen. Wir können nicht erkennen, wie eine neue, tiefere Wahrheit, die in unserem Leben Platz finden will, in Einklang gebracht werden kann mit dem, was schon da ist.

Genau das Gleiche gilt auch für den Punkt, an dem wir in diesem Buch jetzt angekommen sind. In diesem dritten Kapitel geht es nämlich darum, wie Sie Ihrer inneren Stimme die Führung über Ihr

Leben überlassen können und was sich auf dem Weg dorthin typischerweise ereignet.

Ich möchte Ihnen dazu von einem Traum erzählen, der mein Leben nachhaltig geprägt hat. Dieser Traum hat mich mehr gelehrt, als es die Lektüre viele guter Bücher vermutlich vermocht hätte. Ich hatte diesen Traum, nachdem ich mich am Tag davor mit der folgenden Frage beschäftigt hatte: »Wie schaffe ich es, dass du, meine geliebte innere Stimme, mich komplett führen kannst?«

Ein Traum

Ich wundere mich darüber, aber ich fühle mich wie eine Weintraube. Eine hellgrüne, ganz normale Weintraube. Aber wo liege ich hier? Wenn ich nach vorn schaue, sehe ich eine Landschaft. Eigentlich fühlt sich alles ziemlich normal an, doch plötzlich höre ich ein Geräusch und schaue nach oben …

»Ojeee, das ist ja furchtbar!!!«

Da ist diese riesengroße Nadel, sie ist 50 cm lang oder noch länger und extrem spitz. Wenn die hier zu mir herunterkommt, durchbohrt sie mich, ganz klar. Sie ist festgemacht an einem riesigen Holzbalken. Jetzt wird das Bild klar: Ich bin eine Weintraube und liege auf einem Holzblock, wie man ihn früher zum Köpfen von Menschen verwendet hat. Das über mir ist eine riesengroße Weinpresse, die immer weiter auf mich zukommt …

»Bloß weg hier!«

Ich rolle mich vom Holzblock herunter und laufe so schnell und so weit ich kann von hier weg. Doch plötzlich, als ich kaum noch Kraft habe, spüre ich, wie das Leben mich Richtung Holzblock zurückzieht. Es fühlt sich so an, als ob Gott selbst mich in diese fürchterliche Situation zurückbefördert. Aber warum?

»Nein! Nicht! Hilfe!«

Doch das Leben, dieser unendlich starke Sog da, kennt kein Pardon mit mir. Ich liege wieder als Traube auf dem Holzblock und sehe abermals die Presse näherkommen. Wieder rolle ich mich vom Holzbock herunter und renne noch schneller von diesem Ort weg ... Doch abermals, als ich kaum noch Kraft habe, zieht mich das Leben unerbittlich zurück in sich hinein und legt mich wieder auf den verdammten Block ...

Die Spitze der Presse ist jetzt nur noch 60 cm von meinem Gesicht entfernt. Das ist der letzte Moment, in dem ich noch einmal fliehen könnte ... Also rolle ich mich abermals vom Holzblock und beginne wegzulaufen, doch schon nach wenigen Metern merke ich, dass dies keinen Sinn hat. Der Sog des Lebens ist viel stärker als ich. Und so liege ich gleich wieder auf dem Holzblock und erwarte das Unausweichliche. Und tatsächlich dringt die Spitze der Presse in meinen Brustkorb ein. Unerbittlich. Meine Brustknochen springen aus meinem Körper heraus und werden durch die Luft gewirbelt. (Obwohl ich eine Traube bin, bin ich gleichzeitig auch ein Mensch mit einem Körper.)

In diesem Moment ändert mein Bewusstsein seine Position. Ich schaue von einem anderen Ort aus auf das Geschehen: Da liegt der Holger. Er ist eine Weintraube und gleichzeitig ein Mensch. Seine Brustknochen werden durch die Luft gewirbelt. Die Presse tut das, was sie tut, wenn man sie angeschaltet hat: Sie presst einfach immer weiter, und die Knochen von Holger fliegen weiter durch die Gegend.

Was hatte dieser Traum mir zu sagen? Wenn das eine Antwort auf meine Frage war, wie sollte ich sie deuten? Bald wurde mir klar, wie ich den Traum zu verstehen hatte, und ich notierte in mein Tagebuch folgenden Eintrag:

»Es geht um meine bedingungslose Hingabe. Ich kann versuchen, vor meiner Berufung und vor dem, was ich wirklich leben möchte, wegzulaufen. Aber das Leben ist viel größer und stärker als ich. Es wird mich immer und immer wieder in meine tiefste lebendige Spur zurückführen. Und dem kann ich mich auf Dauer nicht widersetzen. Wenn ich es versuche, raubt mir das nur Energie. Besser, ich ergebe mich dem Leben gleich, dann kann ich mir diese Anstrengungen ersparen. Das Leben will mich in mein größtes Glück führen – auch wenn ich selbst immer wieder und wieder davor weglaufe. Mein Widerstand gegen den Willen dessen, was sich durch mich verwirklichen will, muss quasi sterben, damit das geschehen kann, was ich wirklich, wirklich möchte. Ich kann, nein, ich sollte, nein, ich muss mich dem Leben anvertrauen. Es führt mich durch alles hindurch. Ich kann sogar sterben – und bleibe dabei dennoch auch der bewusste Beobachter dessen, was geschieht. Alles andere hat keinen Sinn. Ich fühle mich aufgefordert, mich dem Leben zu ergeben. Hinzugeben. Im Vertrauen darauf, dass es mich zu dem führt, was mich wirklich, wirklich glücklich macht.«

Meine Berufung hatte ich schon seit Jahren gekannt, doch verwirklicht hatte ich sie vielleicht zu zehn Prozent. Aus Angst, mangelndem Selbstvertrauen, Projektionen usw. Nachdem ich diesen Traum verstanden hatte, wurde jedoch alles anders: Ich hatte ein für allemal begriffen, dass es absolut sinnvoll ist, mich dem Leben und seinem Willen völlig hinzugeben. Genau das würde mich an die Orte meines größten Glücks führen – dahin, wo ich immer schon hatte sein wollen. Im Gebet sagen wir:»Dein Wille geschehe – wie im Himmel, so auf Erden.« Das hatte ich nun verstanden und verinnerlicht.

Das ist der 51:49-Punkt! Er ist eine Stufenerfahrung der besonderen Art und eminent wertvoll. Denn ab dem Moment, wo wir uns dem Willen der Schöpfung, der sich durch unsere inneren Stimme ausdrückt, wirklich hingeben und darauf vertrauen, dass wir auch durch die Dinge hindurchgeführt werden, die uns persönlich Angst machen, werden wir als Menschen noch ein zweites Mal geboren.

Geben und Nehmen

Wenn wir auf unserem Weg der menschlichen Meisterschaft nicht weiterkommen, liegt das oft daran, dass wir ein Problem damit haben, etwas von uns zu geben und / oder etwas anzunehmen. Hier ein Beispiel dafür, wie eine Blockade in Bezug auf die Fähigkeit zu geben entstehen kann. Mirjam ist eine junge Frau, die große Probleme damit hat, etwas von sich zu geben. In einem Seminar erzählt sie den anderen Teilnehmern von ihrer Kindheit.

»Als kleines Mädchen war ich der freudestrahlende Engel in der Familie. Besonders meinen Vater habe ich sehr geliebt. Wenn ich ins Wohnzimmer kam und er auf der Couch saß, bin ich voller Freude zu ihm gelaufen, auf seinen Schoß gesprungen und habe dabei immer wieder gesagt: ›Papi, Papi, Papi, ich hab Dich sooo lieb!‹, und ihn danach mit Küssen übersät. Doch an einem Tag war plötzlich alles anders. Als ich ins Wohnzimmer kam, lag mein Vater auf der Couch und war blutüberströmt. In seiner Hand hielt er eine abgebrochene Bierflasche ...«

Erst jetzt, als Mirjam als Erwachsene auf diese Geschichte zurückschaut und sie aufarbeitet, versteht sie, warum es ihr heutzutage so schwer fällt, etwas von sich zu geben. Sie erzählt:

»Mein Vater war ein Trinker, deshalb haben sich meine Mutter und er oft gestritten. Sie hat es gehasst, weil er sie immer wieder schlug, wenn er betrunken war. Ich liebte meinen Papi, und hatte keine Ahnung von seiner Sucht und Gewalttätigkeit. Als er dann nicht mehr bei uns war, sagte mir meine Mutter immer wieder, was für ein schlechter Mensch er gewesen sei. Klein, wie ich war, wusste ich nicht, ob ich ihn weiterhin lieben oder ihn, so wie meine Mutter, für einen schlechten Menschen halten und meine Liebe zu ihm besser unterdrücken sollte.«

Mirjams Geschichte ist kein Einzelfall. In Situationen, in denen wir zu unserem eigenen Schutz damit beginnen, unsere Hingabe zurückzuhalten, wird unsere Fähigkeit zu geben blockiert. Ob wir uns der jeweiligen Zusammenhänge bewusst sind oder nicht, spielt dabei keine Rolle.

Die Art und Weise, wie Mirjam sich als kleines Mädchen verhalten hat, entspricht dem Naturzustand eines jeden Menschen: bedingungslos lebensfroh zu sein und sich frei dem hinzugeben, was jetzt und hier gerade geschieht – aus einem liebenden Herzen heraus.

Genauso wie unsere Fähigkeit zur Hingabe blockiert sein kann, kann auch unsere Bereitschaft, etwas anzunehmen, gestört sein. Die Gründe dafür sind ganz ähnliche: Auch wenn ein Mensch Probleme damit hat, etwas anzunehmen, sei es von materiellem oder immateriellem Wert, liegt das daran, dass er in einer Situation des Empfangens einmal einen Schmerz erfahren hat, den er nicht noch einmal erleben will.

Milan, der Sohn eines Bankkaufmanns, erzählt, dass sein Vater Zeit seines Lebens zu »denen da oben« aufgeschaut hat, zu denen, die es seiner Meinung nach geschafft hatten, den Erfolgreichen und Anerkannten:

»Mein Vater sprach immer von diesen ›tollen Leuten‹, die so viel Substanz haben. Begeistert erzählte er davon, wenn wieder einer seiner Kunden einen Krankenwagen gestiftet oder eine gemeinnützige Organisation unterstützt hatte. Bei mir hinterließ das aber irgendwie kein gutes Gefühl. Latent hatte ich den Eindruck – und das geht mir heute auch noch so – dass wir, also er und ich und unsere Familie, weniger wert waren als diese »tollen Leute«. Und was habe ich gemacht? Natürlich habe ich mein Leben lang versucht, einer von ihnen zu werden. Anstatt einfach ich zu sein. Ich habe gar nicht bemerkt, wie ich mich dabei von mir selbst entfernt habe.«

Milan hat nie das Gefühl gehabt, dass er und seine Familie wertvoll sind. Indem er versucht hat, jemand zu werden, den sein Vater bewundert, hat er sich daran gehindert, sich so anzunehmen, wie er ist. Der Wunsch, jemand Besonderes zu sein, hat ein mangelndes

Selbstwertgefühl in ihm verursacht. Immer hat er geglaubt, nach etwas Besserem streben zu müssen – und das hat ihn davon abgehalten, sich selbst zu bejahen.

Mit dieser Drei-Schritte-Methode können Sie Ihre Blockaden in Hinblick auf Ihr Geben und Nehmen auflösen:

Übung: Der wahre Wert

1. Verbinden Sie sich mit dem Energiezentrum in Ihrem Bauch. Lassen Sie das Energiefeld sich so weit ausdehnen, bis es sich weit über Ihre eigenen Körpergrenzen erstreckt.
2. Fragen Sie Ihr Energiefeld, was der wahre Wert dessen ist, das Sie geben (gleichgültig, ob es sich um eine Dienstleistung, ein Produkt, ein Event oder etwas anderes handelt). Fragen Sie ruhig auch nach dem konkreten Geldwert dessen, was Sie geben.
3. Hören Sie auf die Antwort Ihres Energiefeldes. Es wird Ihnen einen konkreten Wert nennen. Auch wenn dieser Wert Sie im ersten Moment überrascht, nehmen Sie ihn an! Diskutieren Sie nicht mit Ihrem Energiefeld, sondern geben Sie sich seiner Wahrheit hin und öffnen Sie sich dafür, dass das der wahre Wert dessen ist, was Sie geben.

Wenn Sie diese Übung regelmäßig wiederholen, kann Ihnen das dabei helfen, ein stimmigeres Selbstwertgefühl zu entwickeln.

Teil eins in drei Sätzen

Fassen wir an dieser Stelle die wichtigsten Erkenntnisse aus den vorangegangenen drei Kapiteln noch einmal zusammen. In drei kurzen prägnanten Sätzen könnten sie lauten:

1. In Ihrer Mitte gibt es eine innere Stimme …

Konzentrieren Sie sich immer wieder auf das Energiefeld, dessen Mitte sich im Zentrum Ihres Bauchnabels befindet. Sobald Sie eine Frage haben, auf die Sie sich eine Antwort wünschen, richten Sie Ihre Aufmerksamkeit dorthin. Üben Sie sich darin, der inneren Stimme, die Sie von dort empfangen, immer mehr zu folgen.

2. … die führt Sie in Ihr größtes Glück.

Sie werden merken, dass Sie das zu immer tieferer Erfüllung, Heilung, Zufriedenheit, Souveränität und Gelassenheit führt. Aus diesem Zustand heraus ist es Ihnen möglich, die Ihnen innewohnenden Potentiale in allen Lebensbereichen immer freier zu verwirklichen.

3. Finden Sie Ihre innere Stimme und folgen Sie ihr, bis die Waage bei 51 Prozent kippt und Sie ihr ab da immer vertrauen.

Es kommt der Moment, da werden Sie sich der Tatsache bewusst, dass es nicht sinnvoll ist, sich dem, was sich da lebendig durch Sie ausdrücken will, zu widersetzen. Daher fügen Sie sich von nun an Ihrer inneren Stimme. Dabei machen Sie die Erfahrung, dass Sie die Ziele, die Sie sich vom Kopf her gesetzt haben, trotzdem, beziehungsweise erst recht – erreichen. Immer leichter bewältigen Sie die inneren und äußeren Herausforderungen, die sich Ihnen auf dem Weg zur menschlichen Meisterschaft stellen.

Im zweiten Teil des Buchs wird es darum gehen, wie Sie Ihre Bestimmung finden und erfolgreich verwirklichen.

Teil 2
Die
Bestimmung

4 Entdeckung – Erkenne deine Bestimmung

Sie haben eine Bestimmung

Für ihre Berufswahl haben Menschen sehr unterschiedliche Motive. Viele Männer (heutzutage aber auch immer mehr Frauen) wollen hoch hinaus und Karriere machen. Andere konzentrieren sich in erster Linie darauf, dass das Menschliche stimmt. Beide Motive – und viele andere mehr, die Menschen bei ihrer Berufsentscheidung verfolgen – haben eines gemeinsam: Sie orientieren sich am Außen.

Das kann eine ganze Weile gut gehen, vielleicht ein Jahr, vielleicht fünf, vielleicht zwanzig, aber es kommt der Tag, an dem diese Menschen spüren, dass ihnen ihre Motive nicht mehr reichen. Und zwar aus einem richtig guten Grund: In ihrem Job wie auch in ihrem sonstigen Leben geht es darum, ihre einzigartige Bestimmung zu leben. Und die besteht darin, genau der Mensch zu sein, der sie sind, und die Welt dadurch zu bereichern.

Stellen Sie sich eine Rose vor, die gerade aufblüht. Was glauben Sie, woher diese Rose weiß, was sie zu tun hat? Hat ihr das jemand erklärt? Hat ihr jemand beigebracht »Du bist eine Rose, und wenn die Zeit reif ist, dann musst du blühen«? Natürlich nicht! Die Rose erhält ihren Impuls zu blühen aus sich heraus, aus ihrem eigenen Inneren. Sie hat eine Bestimmung. Ihre Bestimmung ist, die Rose zu sein, die sie ist, und wenn die Zeit dafür gekommen ist, zu blühen und damit anderen zu nutzen und sie zu erfreuen. Die Rose bereichert dadurch, dass sie da ist, die Welt.

Genauso verhält es sich auch mit Ihnen. Ebenso wie die Rose haben auch Sie die Bestimmung, Ihr Innerstes, diesen lebendigen Impuls aus Ihrer Tiefe, sich entfalten zu lassen.

Sie finden Ihre Bestimmung nicht, wenn Sie sie im Außen suchen. Sie finden Sie nicht, wenn Sie sich bei der Wahl Ihres Berufs an äußeren Kriterien wie Geld, Anerkennung, Macht oder Prestige orientieren. Doch genau das tun viele Menschen. Und zwar, weil sie verlernt haben, auf den Impuls ihrer Lebendigkeit zu achten. Sie leben nicht sich selbst, ihre Wahrheit und natürliche Essenz.

Ich lade Sie ein, mir auch in diesem vierten Kapitel nach innen zu folgen – hinein in die Begegnung mit Ihrem lebendigen Impuls, hinein in die Begegnung mit Ihrer inneren Stimme, hinein in die Begegnung mit Ihrer Bestimmung. Dazu zwei fundamentale Erkenntnisse, die ich über die Jahre gewonnen habe:

1. *Jeder Mensch hat seine persönliche Bestimmung.* Auch Sie haben eine. Sie erfasst Sie in Ihrer Ganzheit als Mensch und will ausgedrückt werden in allen Bereichen Ihres Lebens.

2. *Ihre Bestimmung entfaltet sich aus Ihrer Mitte, Ihrer Essenz,* dem Ort, an dem Sie »Gott berühren«. Dieser Ort ist nicht irgendwo im Himmel, sondern in Ihnen drin. Er befindet sich da, wo Sie Ihr offenes Herz spüren, wo Sie sich in Liebe verbunden fühlen mit allem, was lebt. Er ist da, wo Sie Ihr wahres Selbst spüren. Gott ist nicht etwas außerhalb von Ihnen. Gott ist in Ihnen, Sie sind Gott. Und je mehr Sie lernen, der göttlichen Stimme in sich Ausdruck zu verleihen, umso mehr werden Sie das Leben führen, das Sie sich immer schon gewünscht haben.

Zehn Vorteile (wenn Sie Ihre Bestimmung leben)

Ich hatte ein Leben, bevor ich meine Bestimmung fand. Und ich habe ein Leben, seitdem ich meine Bestimmung gefunden habe. Wenn ich beide Leben miteinander vergleiche und versuche, auf den Punkt zu bringen, was besser wird, wenn Sie Ihre Bestimmung kennen und leben, fallen mir diese zehn Vorteile ein:

1. Sie leben mit einer viel größeren *Lebensenergie und -kraft*. Das liegt daran, dass Sie lieben, was Sie tun. Wenn wir Menschen zutiefst begeistert sind von etwas, entfalten wir Kräfte, die sich auch mit dem größten rationalen Willen nicht aufbringen lassen.

2. Sie leben Ihren *Traum* – und machen dabei die Entdeckung, dass er in Wirklichkeit nie ein Traum war, sondern immer Ihre Wahrheit. Sie entdecken, dass das, was Sie bisher gelebt haben, so etwas wie eine kleinere Version Ihrer selbst war, die Sie gelebt haben, weil Sie »mehr« noch nicht für möglich hielten.

3. Wenn Sie Ihre Bestimmung leben, sind Ihrer *Weiterentwicklung* keine Grenzen mehr gesetzt. Wenn Sie etwas tun, das nicht Ihrer Bestimmung entspricht, stoßen Sie irgendwann an solche Grenzen: Motivation fehlt, Sinn fehlt, Freude fehlt. Ihre Bestimmung aber beseelt Sie und berührt Sie so tief, dass Sie gar nicht anders können, als sie zu lieben. Und weil Liebe ihrem Wesen nach unendlich und nicht teilbar ist, eröffnet sich Ihnen durch Ihre Bestimmung ein Korridor, der nur eine Richtung zulässt: Dass Sie sich immer weiter in dieses Leben hinaus entfalten.

4. Wenn Sie Ihre Bestimmung leben, wird Ihre Arbeit gelebte *Liebe*. Sie lieben das, was Sie tun, weil Sie es extrem bedeutungsvoll finden. Sie lieben die Wesen, für die Sie es tun, weil Sie so viel Freude bei dem empfinden, was Sie tun, dass Ihre Freude überläuft hin zu denen, für die Sie es tun. In dem Moment, wo Sie erkennen, dass *Ihre Bestimmung vor allem dazu da ist, Liebe zu geben*, kann der Erfolg Ihres Projekts explodieren.

5. Ihre Bestimmung bietet Ihnen die Möglichkeit, den *Wohlstand*

zu realisieren, den Sie sich wünschen. Sie werden unabhängig von den Forderungen der Gesellschaft und erlauben sich, genau das zu leben, was Ihnen tief in der Seele guttut. Tatsächlich verdienen die meisten »Bestimmungsunternehmer«, die das, was sie tun, mit einem offenen Herzen tun, weit mehr Geld als sie für ihre eigenen Bedürfnisse brauchen. Zu den Paradoxien der Bestimmungsunternehmer gehört, dass sie zwar nicht primär auf Geld aus sind – sondern darauf, ihre Liebe und ihr Geschenk der Welt zu geben –, doch dass genau diese Haltung dazu führt, dass sie viel mehr Geld bekommen, als sie brauchen. Je mehr Energie Sie ins Leben hineingeben, umso mehr Energie kommt zu Ihnen zurück. Deshalb eröffnet Ihre Bestimmung Ihnen Möglichkeiten, die weit über das hinausgehen, was Ihnen ein Beruf bietet, der nicht Ihrer Bestimmung entspricht.

6. Ein weiterer großer Erfolgshebel, den das Leben der eigenen Bestimmung mit sich bringt, ist die *Freiwilligkeit*. Denn alles, was Sie aus freiem Willen tun, werden Sie mit mehr Energie, mehr Hingabe, mehr Leidenschaft und mehr Überzeugungskraft tun können als das, was Ihnen von außen auferlegt ist.

7. Sie verfügen über ein einzigartiges schöpferisches Potential. Es gibt keinen Menschen, der genau das kann, was Sie können. Sie sind das Ergebnis einer einzigartigen Lebensgeschichte mit all Ihren Erfahrungen, Fähigkeiten, Zugehörigkeiten, Interpretationen, Perspektiven und Potentialen. Wenn Sie Ihre Bestimmung leben, versetzt Sie das in die Lage, Ihre *Kreativität* voll und ganz zu nutzen. In jedem anderen Leben, das nicht das Leben Ihrer Bestimmung ist, würde Ihnen das nicht gelingen.

8. Wenn Menschen über viele Jahre hinweg nicht ihre Bestimmung leben, werden sie krank. Ihre emotionale, spirituelle und physische *Gesundheit* leidet. Sie ist auf einem ganz anderen Energieniveau, wenn Sie sich Ihrer Bestimmung hingeben.

9. Die Ansprüche, die wir Menschen an unsere Arbeit und unser Leben stellen, haben sich im Laufe der Zeit verändert: In der zwei-

ten Hälfte des letzten Jahrhunderts blieben die meisten Menschen fast ihr Leben lang bei einem Arbeitgeber, kauften sich vielleicht ein Haus und lebten dort glücklich mit ihrer Familie. In diesem Jahrhundert zeichnet sich schon ab, dass immer mehr Menschen mit ihrem Leben eine Spur hinterlassen, einen *Beitrag* leisten wollen – zum Wohl der Gesellschaft und des Ganzen. Ihre Bestimmung zu leben, ist solch ein Beitrag. Ob Sie sie begrenzt auf den Beruf verstehen oder auf Ihr gesamtes Leben: *Sie sind hier mit der Bestimmung, die Welt durch Ihr So-Sein zu bereichern.* Wenn Sie sich selbst wirklich erkennen, werden Sie nichts anderes leben wollen als Ihre Bestimmung – einfach, weil sie das *sind*.

10. Wenn Sie Ihre wahre Identität leben, leben Sie erfüllt. *Erfüllung* kommt von innen und drückt sich dann nach außen aus. Da es Ihre Bestimmung ist, Ihre wahre Identität zu leben, ist Ihre Bestimmung auch die Quelle Ihrer Erfüllung, und Ihre innere Stimme der Impuls, der Sie dorthin führt.

Menschen, die ihre Bestimmung leben, kommen täglich in den Genuss dieser zehn Vorteile. Hoffentlich ermutigt Sie diese Aufzählung dazu, Ihre Bestimmung noch mehr zu verwirklichen.

Ich möchte Ihnen jetzt dabei helfen, sich das Wesen Ihrer Bestimmung noch klarer zu erschließen als bisher. In den folgenden drei Abschnitten werden Sie erfahren, warum Ihre Bestimmung mehr ist als nur ein bestimmter Beruf (auch wenn es das ist, was bis heute viele denken). Sie werden verstehen, was für ein einzigartiges Geschenk für die Welt Sie sind und wie Sie dieses Geschenk mithilfe Ihrer Bestimmung zum Ausdruck bringen können. Ich werde Sie einladen, Ihre Bestimmung in einem einzigen Satz zu formulieren, der diese in ihrer Tiefe möglichst vollständig erfasst.

In den letzten drei Abschnitten dieses Kapitels zeige ich Ihnen dann noch die Stolpersteine, die es zu beachten gilt, wenn Sie Ihre persönliche Bestimmung kraftvoll verwirklichen wollen.

Ihre Berufung ist kein Beruf

Als ich mit 27 Jahren Unternehmensberater wurde, tat ich das, Sie erinnern sich, weil ich Karriere machen wollte. Ich träumte davon, mein Foto eines Tages auf der Titelseite eines großen Wirtschaftsmagazins zu sehen, und ich träumte von der Anerkennung vieler Menschen. Damals wusste ich noch nicht, dass in diesem Wunsch auch ein Aspekt meiner Bestimmung zum Ausdruck kam. Als ich dann ein paar Jahre später in eine Motivations- und Sinnkrise geriet und mir die Welt, in der ich mich befand, plötzlich flach und unwesentlich vorkam, begann ich mich zu fragen, welche Menschen ich eigentlich für ihr Lebenswerk bewunderte. Mir kamen Menschen wie Mahatma Gandhi, Martin Luther King, oder Nelson Mandela in den Sinn. Und mir fiel auf: Diese Menschen dienten mit ihrem Leben etwas, das größer war als sie selbst.

Dieser Gedanke war neu für mich. Unternehmensberater war ich geworden, weil ich mir davon persönliche Vorteile versprochen hatte. Nun musste ich mir eingestehen, dass ich Menschen bewunderte, die sich für etwas einsetzten, das vielen diente, nicht nur ihnen selbst. Ich begann mich dafür zu interessieren, warum ein Mensch das wollen könnte. Und mir erschloss sich ein Zusammenhang, der grundlegend ist für das Verständnis von Bestimmung:

Eine Bestimmung besteht aus zwei Teilen: einem inneren Wesen und einer äußeren Form. Die äußere Form (das, was Sie *tun*) kann sich wandeln, das innere Wesen (das, was Sie *sind*) bleibt bestehen.

Als Kind habe ich davon geträumt, Astronaut zu werden. Mit 16 wollte ich als Rockstar vor ausverkauften Hallen spielen. Mit 24 Jahren wollte ich mein Gesicht auf der Titelseite eines Wirtschaftsmagazins sehen. Und einige Jahre später wollte ich aussteigen und am liebsten jahrelang am offenen Meer sitzen. Seit meinem 35. Lebensjahr weiß ich, was ich bin und was ich in die Welt bringen will. Aber auch seit dieser Zeit hat sich die konkrete Form, in der ich das tue, weiter gewandelt: Zuerst habe ich Menschen gecoacht, die ihre Berufung finden wollten. Dann habe ich Führungskräfte trainiert, dann schloss ich mich einem Beraterteam für systemisches Changemanagement an und schließlich erkannte ich Onlinemarketing als die passende Form, um die Vision, die ich schon lange in mir hatte ausreifen lassen, mit voller Kraft in die Welt zu bringen.

Heute kann ich sehen, dass all diese sich wandelnden Ausdrucksformen Facetten haben, die einen Teil meiner Bestimmung ausmachen: Der Astronaut steht dafür, dass ich die Dinge gern »von oben« sehe, also gern eine Metaperspektive einnehme. Der Rockstar symbolisiert den Teil in mir, der gern mit vielen Menschen live in Kontakt ist und ihnen Energie gibt, die er dann in Form von Dankbarkeit und Begeisterung zurückbekommt. Das Gesicht auf dem Titelblatt steht dafür, dass ich dem, wofür ich stehe, in der Öffentlichkeit mein Gesicht geben möchte. Das Ozeanbild bedeutet, dass ich mir der Unendlichkeit von unser aller wahrem Wesen gern bewusst bin.

Coaching und Training sind zu festen Bestandteilen meines Angebots geworden; die eigene Berufung zu finden und Unternehmen zu Inhalten zu führen, die ich lehre. Und dass ich mich für Internetmarketing interessiere, zeigt, dass ich gern strategisch und zukunftsorientiert arbeite.

Wie ist das bei Ihnen? Wofür stehen die »äußeren Formen«, die sich auf Ihrem Lebensweg bisher entfalten haben, jetzt entfalten und noch entfalten werden?

Auch wenn die Formen sich verändern, sind sie doch alle Teil Ihrer Bestimmung. Die Kunst besteht darin, herauszufinden, in welcher Kombination sie so zusammenpassen, dass am Ende Ihre Bestimmung klar erkennbar vor Ihnen liegt. (Wenn es soweit ist, *fühlen* Sie es!) Der einfachste Weg dorthin besteht darin, dass Sie sich erst auf das *Wesen* Ihrer Bestimmung konzentrieren, nicht auf ihre äußere Form.

Die meisten Menschen aber glauben, ihre Bestimmung müsse in einer bestimmten äußeren Form zum Ausdruck kommen, also indem sie sich zum Bäcker, Dirigenten, zur Krankenschwester oder Mutter berufen fühlen. Doch welche äußere Erscheinungsform die Bestimmung annimmt, ist sekundär.

Um noch konkreter zu veranschaulichen, was ich meine, folgt hier ein Satz, der das Wesen meiner eigenen Bestimmung ausdrückt: *Ich bin hier, um Menschen zu helfen, ihre innere Stimme zu erkennen und zu leben, ihre Bestimmung zu finden und erfolgreich zu verwirklichen, ein zutiefst erfülltes Leben zu führen und so zu arbeiten, dass es dem Wohl des Ganzen dient.*

So wie Mahatma Gandhi auf der Welt war, um Indien zu befreien, William Wallace Schottland oder Nelson Mandela und Martin Luther King, um den Rassismus zu besiegen, so bin ich hier, um Menschen von einer eingeschränkten Ausdrucksfreiheit, mangelnden Selbstverwirklichung und fehlenden Lebenszufriedenheit weg und zu tiefster Erfüllung, größter Freiheit und zur Realisierung ihres größten Glückes hin zu begleiten.

Was glauben Sie, in welchen konkreten Berufen es mir möglich wäre, diese Bestimmung zu leben? Mir fallen sehr viele unterschiedliche ein. So könnte ich diese Bestimmung verwirklichen als:

• Coach
• Trainer
• Priester
• Autor
• Speaker
• Moderator einer Fernsehsendung
• Blogger
• Podcaster
• Lehrer
• Professor
• Karriereberater
• Personalberater
• spiritueller Lehrer
• Künstler (Musiker, Maler usw.)

Wie Sie sehen, gibt es eine große Bandbreite an Berufen, in denen ich meine Bestimmung leben könnte. Es geht also darum, *zuerst* das Wesen Ihrer Bestimmung zu erkennen und *danach* zu entscheiden, in welcher Form Sie es zum Ausdruck bringen wollen. Als ich zum ersten Mal vor einer solchen Berufsliste saß, wurde mir klar, dass manche der darin aufgeführten Berufe für mich nicht infrage kamen. Andere hingegen lagen sofort auf der Hand. Sie sind frei darin zu wählen, in welchen konkreten Formen Sie Ihre Bestimmung zum Ausdruck bringen wollen.

Es kann sein, dass Sie Ihre Bestimmung hier in diesem Kapitel erkennen und dann entdecken, dass Sie sie gut in Ihrem aktuellen Beruf zum Ausdruck bringen können. Sie wären nicht der erste meiner Klienten, bei dem das so ist. Genauso gut kann es sein, dass Sie feststellen, dass Sie das Wesen Ihrer Bestimmung nur in anderen, neuen Formen verwirklichen können.

Sie sind ein einzigartiges Geschenk für die Welt

Worin besteht nun also das Geschenk, das Sie der Welt durch die Verwirklichung Ihrer Bestimmung zu geben haben? In diesem Kapitel erwartet Sie eine Übung, die Ihnen bei der Beantwortung dieser Frage helfen wird. Davor sollten Sie noch wissen, dass es drei Elemente gibt, die den Kern Ihrer Bestimmung ausmachen:
1. Ihr *Herzensanliegen*
2. Ihr *Heilungswunsch*
3. Ihre *Hingabe*.

Ein junger Journalist stellte Albert Einstein einmal die Frage, warum er sich eigentlich mit so abstrakten Dingen wie der Relativitätstheorie befasse. Einstein gab zur Antwort:

»Mich interessiert, was Gott sich wohl dabei gedacht hat, als er dieses Universum erschuf.«

Das war das Wesen der Bestimmung von Albert Einstein – in einem Satz. Es ging um etwas, das ihn brennend interessierte, das seinem Talent entsprach und das er wertvoll und wichtig fand. Das ist das erste Element Ihrer Bestimmung: Ihr Herzensanliegen. Eine Bestimmung ist aber nicht komplett ohne ihr zweites Element: den *Heilungswunsch.* Hier geht es nicht um Heilung der eigenen Person, sondern um Heilung der Welt. Sinn ergeben Ihre Arbeit und Ihr Leben für Sie dann, wenn Sie sie etwas widmen, das größer ist als Sie. Der Heilungswunsch bezieht sich auf eine Verbesserung der Welt, für die Sie sich von Herzen gern einsetzen. Der Heilungswunsch entsteht zwangsläufig, wenn Sie sich auf Ihr Herzensanliegen konzentrieren.

Das dritte Element Ihrer Bestimmung ist Ihre *Hingabe.* Sie ist der Schlüssel zum Erfolg. Denn ohne Ihre Hingabe können Sie weder Ihr Herzensanliegen noch Ihren Heilungswunsch umsetzen. Tatsächlich ist dieses Element für die meisten Menschen am schwersten zu realisieren. Das wundert Sie vielleicht. Möglicherweise denken Sie, die meisten Menschen wären sich eher über Ihr Herzensanliegen nicht klar genug. Das stimmt, viele sind sich darüber nicht im Klaren, aber noch häufiger kommt es vor, dass Menschen zwar ihr Herzensanliegen und auch ihren Heilungswunsch kennen, doch bei ihrer Hingabe ins Stocken geraten.

Nun wissen Sie um die drei Elemente Ihrer Bestimmung. Die nun folgende Übung soll Ihnen dabei helfen, diese in einem Satz zu definieren.

Übung: Meine Bestimmung

Herzensanliegen (1.Element)

Zum Einstieg nachfolgend einige Fragen. Sie dienen Ihnen dazu, Ihr Herzensanliegen in seiner Essenz so gut zu erfassen, wie es Ihnen gegenwärtig möglich ist. Bitte beantworten Sie alle Fragen spontan, intuitiv und aus Ihrem Herzen heraus, ohne viel darüber nachzudenken. Notieren Sie nur die Essenz, das Wesentliche, das sich Ihnen mitteilt.

Frage 1: Betrachten Sie Ihr bisheriges Leben im Schnelldurchlauf. Gibt es einen roten Faden darin oder ein Thema, das Sie schon immer interessiert hat?

(Halten Sie einen Moment inne, dann schreiben Sie Ihre Antworten auf ein eigenes Blatt – bitte in maximal drei Sätzen.)

Frage 2: Wer waren oder sind Ihre größten Idole oder Vorbilder? Warum? Wofür stehen – in einem Satz auf den Punkt gebracht – diese Menschen mit ihrem Leben und mit ihrem Lebenswerk?

(Sie dürfen bei der Beantwortung dieser Frage auch gern auf Filmfiguren, Helden/-innen aus der Geschichte oder Cartooncharaktere zurückgreifen.)

Frage 3: Wenn Zeit und Geld keine Rolle spielten und Sie vollkommen frei wären, das zu tun, was Ihnen am meisten bedeutet und wodurch Sie sich selbst am besten verwirklichen könnten, was würden Sie tun?

Frage 4: Lassen Sie noch einmal alle bisherigen Stationen, Rollen und Projekte Ihres Berufslebens Revue passieren und listen Sie dann fünf bis zehn davon auf. Womit haben Sie sich in der jeweiligen Station am meisten (»Top«) und womit am wenigsten wohlgefühlt (»Flop«)?

(Ihre Antworten können sich zum Beispiel auf Inhalte, Personen, die Atmosphäre, Merkmale der Unternehmenskultur, Zeitrhythmen oder die Work-Life-Balance beziehen. Nachdem Sie sie alle aufgelistet haben, versuchen Sie die roten Fäden zu finden: Welche Top-Faktoren sind für Ihre berufliche Erfüllung ein Muss, welche Flop-Faktoren müssen Sie meiden, weil Ihr Bestes sonst keine Chance hat, aufzublühen?)

Ihr Herzensanliegen:
Unterstreichen Sie jetzt bitte die Schlüsselwörter in Ihren Antworten zu den Fragen 1 bis 4 und formulieren Sie daraus Ihr Herzensanliegen in einem Satz, der mit den Worten »Ich bin beseelt davon ...« beginnt.
Beispiel: »Ich bin beseelt davon, Menschen dabei zu helfen, das Beste aus sich und ihrem Leben zu machen.«

Heilungswunsch (2. Element)
Damit aus Ihrem Herzensanliegen eine Bestimmung wird, die Sie konkret umsetzen und mit der Sie erfolgreich werden können, ist es extrem wichtig, dass Sie spüren und verstehen, zu welcher Heilung, Verbesserung oder Bereicherung in der Welt Sie beitragen wollen. Für wen wollen Sie etwas tun? Was genau wollen Sie bewirken und was bedeuten Sie im Leben derer, denen Sie dienen? (Bitte beantworten Sie auch hier wieder alle Fragen möglichst spontan und intuitiv.)

Frage 5: Was ist aus Ihrer Sicht das größte Problem, vor dem die Welt heute steht? Und welche Handlung könnte am wirkungsvollsten dazu beitragen, dass dieses Problem für immer gelöst wird?
(Es spielt an dieser Stelle keine Rolle, wie lange es dauern würde, das Problem auf diese Weise zu lösen. Hier geht es nur darum, welche Möglichkeit zur Problemlösung Ihnen in den Sinn kommt.)

Frage 6: Was sind die drei wichtigsten Gründe dafür, dass dieses Problem in der Welt ist? Welche Maßnahme oder Veränderung könnte jeden dieser drei Gründe am wirksamsten aus der Welt schaffen?

(Notieren Sie hier bitte in erster Linie Maßnahmen, Veränderungen und Beiträge, von denen Sie in Ihrem Innersten spüren, dass Sie hier sind, um daran mitzuwirken.)

Frage 7: Mit welchen Menschen wollen Sie sich am liebsten umgeben, wenn es darum geht, Ihr Bestes zu geben und Ihr wahres Potential mit ganzer Kraft zu entfalten?

(Erlauben Sie sich hier wirklich Ihre Herzenswünsche, schränken Sie sich bei der Beantwortung dieser Frage nicht ein.)

Frage 8: Stellen Sie sich bitte eine Gruppe von Menschen vor, die genau unter dem Problem leidet, das Sie für das größte der Welt halten. An welcher Stelle im Leben dieser Menschen taucht das Problem zum ersten Mal auf beziehungsweise an welcher Stelle wird es ihnen bewusst? Und was ist die große Sehnsucht dieser Menschen, das Ziel, das sie erreichen wollen, nachdem dieses Problem gelöst ist?

(Wenn die Wesen, für die Sie sich einsetzen wollen, nicht Menschen sind, sondern zum Beispiel Tiere oder Pflanzen, beantworten Sie die Frage bitte genauso.)

Ihr Heilungswunsch:
Unterstreichen Sie jetzt bitte die Schlüsselwörter in Ihren Antworten zu den Fragen 5 bis 8 und formulieren Sie daraus Ihren Heilungswunsch für die Welt (oder einen Teil davon) in einem Satz, der mit den Worten »Ich helfe ... (Zielgruppe) dabei, ... (Problemlösung)« beginnt.

Beispiel: »Ich helfe Bäumen dabei, dass sie uns und dem Leben all das Gute geben können, für das sie hier sind.«

Hingabe (3. Element)

An dieser Stelle erkennen die meisten Menschen zumindest erste Konturen ihrer wahren Bestimmung. Manchen ist nach der Beantwortung dieser Fragen sogar schon klar, wozu sie wirklich hier sind. Doch wir erinnern uns: Der Schlüssel zum Erfolg liegt im dritten Element Ihrer Bestimmung, der *Hingabe.* Aus meiner nunmehr 20-jährigen Erfahrung als Coach und Berufungsexperte weiß ich, dass sich hier die Spreu vom Weizen trennt. Viele wissen, was sie wirklich, wirklich wollen, aber sie wagen es nicht, sich der Erfüllung ihrer Lebensaufgabe wirklich hinzugeben. Ich habe dafür viel Verständnis, auch weil es mir selbst sehr lange so ging. In mir gab es Gründe, die eine vollständige Verkörperung meiner Bestimmung nicht früher erlaubt haben. (Ich werde darauf in den nächsten beiden Kapiteln noch genauer eingehen.)

An dieser Stelle möchte ich Sie nur um eines bitten: Seien Sie bei der Beantwortung der nun folgenden vier Fragen so ehrlich, wie Sie nur können. Sie tun das nicht für mich, sondern für sich. Denn je klarer Sie sich darüber werden, wo Sie in Sachen Hingabe tatsächlich stehen, umso leichter wird es Ihnen fallen, den entscheidenden Durchbruch zu erleben.

Frage 9: Was ist der wichtigste Grund, der Sie bisher davon abgehalten hat, Ihre wahre Bestimmung zu leben?

(Beantworten Sie diese Frage bitte so präzise wie möglich.)

Frage 10: Welche Gedanken über sich selbst, über die anderen, die Welt, das Leben, Geld und Erfolg wiederholen Sie in Ihrem Geist immer wieder – obwohl sie Sie davon abhalten, Ihre wahre Bestimmung zu leben?

Frage 11: Welche Gefühle lösen diese Gedanken regelmäßig in Ihnen aus? Inwiefern halten diese Gefühle Sie davon ab, Ihre wahre Bestimmung noch mehr zu leben?

Frage 12: Stellen Sie sich vor, ein Magier oder eine Fee mit unendlich großen Zauberkräften käme zu Ihnen und würde Sie fragen: »Was ist der eine Wunsch, den ich dir erfüllen kann, damit du vollkommen frei wirst, deine wahre Bestimmung zu leben?« Was würden Sie sich von dem Magier oder der Fee wünschen?

(Beantworten Sie diese Frage so präzise wie möglich.)

Ihre Hingabe:
Unterstreichen Sie jetzt bitte die Schlüsselwörter in Ihren Antworten zu den Fragen 9 bis 12 und formulieren Sie eine Absicht in einem Satz, der mit den Worten: »Ich möchte meine Bestimmung hundertprozentig frei leben, damit ...« beginnt.

(Achten Sie bei Ihrer Formulierung darauf, dass nach dem Wort »damit« sowohl der Nutzen für Sie selbst als auch für Ihre Zielgruppe und die Welt zum Ausdruck kommt.)

Beispiel: »*Ich möchte meine Bestimmung hundertprozentig frei leben, damit Menschen überall auf der Welt erkennen, wer wir alle in Wirklichkeit sind und wozu wir imstande sind. Das soll sie ermutigen, auch ihrerseits ihr volles Potential zur Verfügung zu stellen, damit es der Welt ultimativ gut geht und wir Menschen mit unserer schöpferischen Absicht für unser Leben in Einklang kommen.*«

Ihre Bestimmung:
Formulieren Sie jetzt aus den drei Schlüsselwort-Antworten (Herzensanliegen, Heilungswunsch, Hingabe) einen einzigen Satz, der mit den Worten: »Ich bin hier, um ...« beginnt.

Beispiel: »*Ich bin hier, um Menschen zu helfen, das Leben leicht zu nehmen, das Positive darin zu sehen und zu betonen, viel zu lachen und so zu sein, dass sie damit die ganze Schöpfung zum Blühen bringen.*«

Ich gratuliere!

Nachdem Sie sich diese Fragen beantwortet haben, werden Sie Ihr Leben, Ihre Bestimmung und die Welt vermutlich aus einer anderen Perspektive sehen. Ich hoffe, es ist Ihnen gelungen, noch klarer als bisher zu erkennen, wozu Sie wirklich hier und wozu Sie fähig sind. Doch um Ihre Bestimmung erfolgreich in die Tat umzusetzen, sind noch ein paar weitere Schritte nötig.

Sicherheit oder Liebe?

Was ist Ihnen wichtiger: dass Ihnen nichts passiert, das sich für Sie schmerzlich anfühlen könnte, oder dass Sie eine bedingungslose Lebensfreude und Liebe in sich entdecken, aus der heraus Sie das Leben und alles, was Ihnen begegnet, umarmen können und sich dabei immer geborgen und sicher fühlen?

Sicherheitsdenken entspringt Ihrer persönlichen Geschichte. Sie haben sich vorgenommen, alles zu vermeiden oder zu bekämpfen, das dazu führen könnte, dass Sie noch einmal Schmerzen empfinden müssen. Sie haben Ihr Herz verschlossen, um fortan unverwundbar zu sein. Doch wo Sie nicht verwundbar sind, da können Sie auch nicht verbunden sein. Und nur, wo Sie verbunden sind, empfinden und verbreiten Sie Erfüllung und Wohl.

Liebesbewusstsein entspringt nicht Ihrer persönlichen Geschichte. Liebe ist Mitgefühl. Lieben tun Sie dann, wenn Sie dem jetzigen Moment mit dieser Haltung begegnen:

Du bist, wie du bist. Ich nehme alles wahr, was gerade passiert. Ich verurteile dich nicht für irgendetwas und ich entscheide mich dafür, Bewertungen meines Verstands nicht für die letzte Wahrheit zu halten. Ich entscheide mich dafür, dich zu erleben und zu fühlen, so wie du dich jetzt ereignest. Ich bin verbunden mit meiner Wahrnehmung und dadurch mit allem.

Der Schritt vom Sicherheitsdenken zum Liebesbewusstsein gelingt, wenn Sie die Art und Weise, wie Sie dem Leben begegnen, umstellen: *Weg* von einem urteilendem Denken (»das ist erwünscht, das nicht«), *hin zur* wertfreien Wahrnehmung dessen, was sich jetzt gerade ereignet. Je mehr Sie das Leben sich so ereignen lassen können, wie es ist, ohne sich bestimmten Ausdrucksformen von ihm zu verschließen, umso bedingungsloser können Sie Ja sagen, auch zu sich selbst – mit all Ihren Schwächen, Fehlern und bisher ungeliebten Anteilen. Sie können Ja sagen zu Ohnmachtsgefühlen und dadurch lernen, alles wieder so zu fühlen, wie es ist. Das befähigt Sie dazu, auch Ihre Bestimmung und das, was Sie einzigartig macht, vorbehaltlos anzunehmen und zu leben.

Im Folgenden möchte ich Ihnen vier Stolperfallen zeigen, die einem Verständnis der eigenen Bestimmung manchmal im Weg stehen. Wer seine Bestimmung missversteht, tut sich schwerer, sie zu leben, als es sein muss. Das muss nicht sein – diese vier Dinge sollten Sie beachten.

Vier Stolperfallen

Wenn ein Baby geboren wird und zum Kind heranwächst, muss es laufen lernen. Dabei fällt das Baby oft hin oder stolpert. Wenn ein Mensch seine Bestimmung erkannt hat und sich auf den Weg macht, sie auch zu verkörpern, muss auch er lernen, mit dieser neu entstandenen Fähigkeit in sich stabil umzugehen. Nicht wenige kommen dabei ins Stolpern, weil sie sich über mindestens einen der folgenden vier Fakten nicht ausreichend bewusst sind:

• *Das Finden ist erst der Anfang.*
  Ihre Bestimmung zu erkennen ist der erste Schritt. Je mehr Sie sie auch vollständig verkörpern, umso leichter, freier und vollständiger werden Sie sie im Außen entfalten.

- *Das Potential ist unendlich.*
Ihre Bestimmung besteht nicht darin, ein bestimmtes, konkret messbares Ziel zu erreichen. Ziele sterben. Wenn sie einmal erfüllt sind, brauchen wir neue, die uns wieder eine Richtung geben können. Ihre Bestimmung ist tiefer als das. Sie gibt Ihnen eine Handlungsrichtung vor – eine Idee, zu der Sie immer noch mehr und in immer neuen Formen beitragen können. Stellen Sie sich vor, jemand sagt Ihnen: Geh Richtung Westen, und Sie gehen so lange Richtung Westen, bis Sie die Erde einmal umrundet haben. Sie können immer weiter in Richtung Westen gehen, unendlich oft, auch wenn Sie die Erde dabei achtzigmal umrunden. Ihre Bestimmung lässt Sie in eine bestimmte Richtung wirksam werden. Ziele, die Sie sich setzen, werden zu »moving targets« das heißt, sie werden sich dynamisch verändern. Zu jedem Zeitpunkt drücken Sie aus, was jetzt als Bestimmungsimpuls durch Sie hindurch kommt, und entfalten so Ihre Bestimmung in Richtung unendlich.

- *Sie werden (außen), was Sie (innen) denken zu sein.*
Sie können alles schaffen, was Sie sich vorstellen können. Sie haben das immer schon so gemacht. Wenn Sie sich auf ein sehr begrenztes Bild von sich selbst konzentriert haben, haben Sie dafür gesorgt, dass die äußeren Aspekte Ihres Lebens (Geld, Beziehungen, Erfolg, körperliche Gesundheit) Ihnen diese Begrenztheit spiegeln. Ihr äußeres Leben war begrenzt, weil Ihr Selbstbild, an das Sie geglaubt haben, begrenzt gewesen ist. Dasselbe gilt aber auch im Umkehrschluss: Sobald Ihr Selbstbild Ihre wahre Bestimmung zeigt und Sie glauben, dass dieses Selbstbild wahr ist, werden die äußeren Aspekte Ihres Lebens Ihnen das spiegeln. Sie sind der Schöpfer Ihres Lebens. Sie sind es schon immer gewesen, auch wenn Ihnen das so nicht bewusst war.

- *Die Bestimmung betrifft Ihr ganzes Leben.*
Ihre Bestimmung ist etwas, das Sie so sehr interessiert, dass Sie gar nicht anders können als sie in allem zum Ausdruck zu bringen, was Sie tun. Weil Sie sie *sind!* So wie es die Bestimmung der Rose ist, die Rose zu sein, die sie ist, so ist es Ihre Bestimmung, der Mensch zu sein, der Sie sind. So wie die Rose ihre Bestimmung in jedem Augenblick zum Ausdruck bringt, so sollte es auch bei Ihnen sein.

In meinen Anfangsjahren als Berufungscoach dachte ich, es ginge vor allem darum, Menschen mit ihrem Traumberuf zu verbinden. Doch dann fiel mir auf, dass nicht wenige meiner Klienten (ca. 80 Prozent) zumindest ahnten, was ihre Bestimmung sein könnte, dass es aber in 100 Prozent der Fälle innere Gründe gab, die sie davon abhielten, ihre Bestimmung frei zu verwirklichen.

Die sechs häufigsten inneren Erfolgsblockaden werde ich Ihnen im Folgenden kurz vorstellen.

Die sechs häufigsten Erfolgsblockaden

Eine Umfrage unter mehreren tausend Abonnenten meines Newsletters im Juli 2014 brachte dieses Ergebnis hervor:
- 51 Prozent ist ihre Bestimmung unklar.
- 42 Prozent trauen sich nicht zu, diese zu verwirklichen.
- 37 Prozent glauben, es fehle ihnen das nötige Geld dafür.
- 30 Prozent befürchten, das bereits Erreichte zu verlieren.
- 24 Prozent fürchten, ihr Markt sei zu klein, oder sie haben Scheu vor der Vermarktung.
- 22 Prozent denken, ihr Partner oder ihre Familie würden nicht mitziehen oder sie könnten dann nicht mehr ausreichend für sie da sein (zum Beispiel finanziell).

Erfolgsblockade 1: Mangel an Klarheit

Stellen Sie sich vor, unsere Rose wäre sich nicht klar darüber, dass sie eine Rose ist. Wenn sie zum Beispiel von sich denken würde, sie sei eine Nelke, würde sie vielleicht eine Mischung aus Rosenblättern und Nelkenblättern hervorbringen. Sie würde nicht ihre wahre Natur leben, sondern eine Mischung aus dem, was sie ist, und aus dem, was sie zu sein glaubt.

Genauso geht es Ihnen, wenn Ihre Bestimmung Ihnen noch unklar ist. Die Wahrheit ist, dass Sie immer schon Ihre Bestimmung waren, denn sie ist Ihre wahre Natur. Solange Sie aber etwas anderes über sich selbst glauben als das, was Sie sind, werden Sie Ihre Bestimmung nicht in Reinform leben.

Der häufigste Grund, warum Menschen ihre Bestimmung nicht leben, ist, dass sie etwas Falsches über sich selbst glauben.

Ihre Wahrheit ist das, was Sie in der Übung in diesem Kapitel formuliert haben. Alles andere, was Sie immer wieder über sich denken und glauben, ist eine Täuschung, eine Erfindung Ihres Verstands, die auf Situationen in Ihrer persönlichen Geschichte zurückgeht. Das macht diese Gedanken aber nicht wahr. Sie sind trügerisches »Nelkendenken«, doch solange Sie sie für wahr halten, werden Sie das, was Sie von Natur aus sind, nicht als Ihre Natur erkennen.

Erfolgsblockade 2: Mangel an Selbstvertrauen

Stellen Sie sich vor, unsere Rose, die einfach eine Rose ist, würde sich nicht trauen, eine Rose zu sein. Vielleicht würde sie sich dann weigern, ihre Blüte überhaupt hervorzubringen. Vielleicht würde ein Teil von ihr aufblühen und ein anderer Teil würde sich der Blüte verweigern.

So ähnlich geht es uns Menschen, wenn wir uns selbst nicht vertrauen. Es liegt nicht daran, dass wir nicht vertrauenswürdig wären. Sie können sich zu 100 Prozent vertrauen. Aber Sie tun es nicht – immer dann nicht, wenn Sie das Falsche über sich denken und dies für wahr halten.

Erfolgsblockade 3: Befürchteter Geldmangel
Weil wir nicht sicher sind, ob unsere Bestimmung uns in eine Situation führen wird, in der es uns auch finanziell gut geht, macht es uns Angst, sie zu leben. Und wir glauben, dass eine große Menge Geld nötig sei, um die Entfaltung unserer Bestimmung zu finanzieren. Tatsächlich ist es bei nicht wenigen Geschäftsideen so, dass die Aufnahme eines Kredits oder die Einbindung eines externen Investors ungeheuer nützlich sein kann – jedoch nur dann, wenn die innere Erfolgsvoraussetzung bereits erfüllt ist! Häufig nämlich versuchen wir fehlendes Vertrauen in das Gelingen unseres Bestimmungsprojekts zu verschleiern, indem wir sagen:»Wenn ich doch nur genug Geld hätte, dann würde die Sache sicher eher gelingen.« Doch so wenden wir uns nicht dem zu, worum es wirklich geht. Geld kann uns dieses »innere Problem« nicht lösen helfen.

Einer meiner langjährigen Lehrer, Anthony Robbins, ein sehr erfolg- und einflussreicher Life-Coach, pflegt zu sagen:»It's never about the resources – it's always about resourcefulness!« (»Es geht nicht um die äußeren Ressourcen – es geht um den eigenen Einfallsreichtum.«) Damit meint er, dass wir uns an dieser Stelle häufig irren. Wir glauben, dass unser inneres Einssein mit unserer Bestimmung und wie es uns gelingt, diese im Außen zu verwirklichen, von Geld abhängig sei. Seiner Meinung nach aber ist es anders: *Erst* müssen wir eins mit unserer Bestimmung sein und sie verkörpern, und *dann* reagiert die Welt auf dieses Einssein mit Unterstützung. Je mehr wir innerlich »resourceful« sind, also uns zu helfen wissen, umso mehr und umso leichter gesellen sich äußere Ressourcen dazu.

Erfolgsblockade 4: Mangel an Zuversicht, das Bestehende und das Neue miteinander verbinden zu können
Wenn Menschen aufwachen und ihre wahre Bestimmung zum ersten Mal erkennen, kann das ähnliche Folgen haben wie wenn man seinem Lebenspartner zum ersten Mal begegnet. Euphorie, Ver-

liebtheit, unendliche Begeisterung, das Feuer der Entzückung ...
Auch mir ist das so ergangen, als ich mir zum ersten Mal ganz darüber klar wurde, wer ich bin und wofür ich hier bin. Oft lösen diese
Gefühle den Wunsch in uns aus, so schnell wie möglich die neu entdeckte Wahrheit zu verwirklichen. Doch wir können erst ernten,
wenn wir etwas gesät und womöglich auch gedüngt haben. Auf
Ihre Bestimmung übertragen bedeutet das, dass deren Entdeckung
nur der erste Schritt ist, auch wenn dieser sich ganz wunderbar
anfühlt. Um Ihre Bestimmung erfolgreich zu verwirklichen, ist die
wichtigste Voraussetzung, dass Sie sie verkörpern. Je mehr Sie diese
Neuentdeckung wirklich *werden*, umso leichter und kraftvoller werden Sie sie auch der Welt zur Verfügung stellen können.

Weil aber unsere Ungeduld an dieser Stelle oft sehr groß ist, kann
es geschehen, dass wir uns Hals über Kopf von Bestehendem trennen, um hineinzuspringen in das neugefundene Glück unserer
Bestimmung. Ein radikaler Schlussstrich unter einen leidvollen Abschnitt unseres Lebens kann zwar durchaus angemessen und wichtig sein, aber das braucht Zeit und vor allem Wertschätzung für das
Gewesene. Ich selbst habe den Fehler begangen, mich im Über-
schwang der Gefühle verachtungsvoll von meiner Vergangenheit
abzuwenden und zu denken: »Jetzt habe ich etwas Besseres gefunden.« Mit den Jahren durfte ich dann lernen, wie sich jeder Schritt
unserer Weiterentwicklung wirklich gesund vollziehen lässt. Der
US-amerikanische Philosoph und Bewusstseinsforscher Ken Wilber spricht in diesem Zusammenhang von: »Transcend and In-
clude« (dt: überschreite und schließe mit ein). Wenn wir also einen
Schritt der Weiterentwicklung tun, vollzieht er sich immer dann
gesund, wenn wir uns erlauben, etwas, dessen Zeit gekommen ist,
zu überschreiten, doch das Gewesene dabei auch weiterhin in unseren Herzen zu lassen und ihm einen würdigen Platz darin geben.

**Alles, was Sie werden, geht aus dem hervor,
was Sie waren.**

Wenn Sie also jetzt gerade in der Situation sein sollten, Ihre Bestimmung erkannt zu haben und sie unbedingt verwirklichen zu wollen, halten Sie inne. Schreiten Sie nicht gleich von der Erkenntnis zur Tat. Geben Sie sich Zeit, um Ihre Bestimmung auch zu verkörpern – um daran zu glauben, dass sie Ihnen wirklich zugedacht ist und dass auch bestimmt ist, dass sie sich erfüllt. Denn wenn Ihr Herz und Ihre Seele außen vor bleiben, wird Sie auch das strebsamste Handeln nicht zufriedenstellen.

Der Schritt der Verkörperung ist der Schritt des Vertrauens. Je mehr Vertrauen Sie entwickeln, desto leichter wird Ihnen die Verwirklichung im Außen fallen.

Erfolgsblockade 5: Scheu, zur eigenen Wahrheit zu stehen
Unsere Rose ist einfach eine Rose. Wenn der Zeitpunkt gekommen ist, an dem sie blühen soll, dann blüht sie und stellt ihren schönen Anblick und ihren Duft zur Verfügung. Die Rose fragt sich nicht, wie das bei der Außenwelt ankommt. Sie tut einfach das, was ihr vorherbestimmt ist. Genau diese Freiheit wünsche ich Ihnen im Umgang mit Ihrer Bestimmung.

Natürlich müssen wir als Selbstständige, Unternehmer oder als Führungskräfte in einer Organisation uns Gedanken darüber machen, wie wir das Angebot, das wir der Welt machen, so präsentieren wollen, dass eine erfolgreiche Geschäftsidee daraus wird; natürlich müssen wir auch dieses Handwerkszeug lernen. Aber viele Menschen sind selbst dann, wenn ihre Bestimmung mit einer potentiell starken Geschäftsidee in Verbindung steht, lange Zeit unsicher, ob es für ihr Angebot einen ausreichend großen Markt gibt. Das ist der Fall, wenn sich die innere Unsicherheit gegen die äußere Realität durchsetzt.

Nach meiner Erfahrung geschieht das dann, wenn ein Mensch sich seines wahren Werts zu wenig bewusst ist. Auch die Scheu vor der Vermarktung spielt hier mit rein. Menschen haben Angst vor den Reaktionen anderer. Wir haben früh gelernt, dass die Welt uns nicht wohlgesonnen ist – so jedenfalls haben wir es uns selbst erklärt. Seitdem glauben wir daran und wiederholen diesen Gedanken über die Welt immer wieder. Dadurch schaffen wir unser eigenes inneres Gefängnis. Dabei könnten wir frei sein, in einem einzigen Augenblick, einfach, indem wir uns darüber bewusst werden, dass alles, was nicht im Einklang ist mit unserem unsterblichen Wesen und unserer Bestimmung schlicht *nicht wahr* ist. Und es niemals war.

Erfolgsblockade 6: Mangel an gegenseitigem Vertrauen
Welche Vorschriften dürfen Ihre Liebsten Ihnen machen? Dürfen sie sagen:»Du darfst dein wahres Selbst nur so weit verwirklichen, wie es meinen Interessen entspricht und das, was ich im Leben erreichen oder was ich für dich will, nicht gefährdet?« Spricht so Liebe? Spricht so jemand der Ihr Glück möchte? Nein, so sprechen Angst und Kontrolle.

Der erste Schritt ist hier, dass Sie sich selbst lieben lernen. Das zeigt sich daran, dass Sie sich zu Ihrer Bestimmung bekennen. Ihre Bestimmung gehört grundlegend zu Ihnen und zu Ihrem Leben, sie definiert Sie als Mensch. Natürlich haben auch Ihre Liebsten eine Bestimmung und idealerweise unterstützen Sie sich gegenseitig darin, die zu sein, die Sie sind, und Ihre Bestimmungen zu entfalten. Idealerweise tun sich Partner zusammen, die sich ihrer Bestimmungen bewusst sind und die sich in deren Ausdruck gegenseitig fördern. Nicht»entweder-ich-oder-du«, sondern »sowohl-ich-als-auch-du« ist das Denken, das an dieser Stelle Glück bringt. Nicht »ich bin bedroht durch das, was du verwirklichen möchtest«, sondern »ich freue mich, dich mit dem zu sehen, was du bist – das unterstütze ich gern«.

Sie könnten jetzt hergehen und an jeder dieser sechs Erfolgsblockaden»arbeiten«, zum Beispiel im Rahmen einer Psychotherapie oder eines Coachings. Dagegen ist nichts zu sagen, das kann sehr wertvoll sein. Aber vielleicht haben Sie es bemerkt: Alle Erfolgsblockaden gehen auf ein- und denselben Umstand zurück: auf die Tatsache, dass Sie das Falsche über sich glauben.

Im nächsten Kapitel werden wir uns genauer damit auseinandersetzen, denn jetzt soll es um das gehen, was den Erfolg oder Misserfolg beim Verwirklichen Ihrer Bestimmung tatsächlich ausmacht – nämlich, dass Sie sie *verkörpern*!

5 Verantwortung –
Erlerne deine Bestimmung

Die drei Ebenen der Persönlichkeitsentwicklung

Dieses Kapitel möchte ich mit einem Modell der menschlichen Entwicklung beginnen. Vereinfacht lässt sich sagen, dass wir Menschen im Lauf unserer Entwicklung drei Ebenen durchschreiten:

- das schwache Ego
- das starke Ego
- die innere Mitte

Wenn unsere Entwicklung gesund verläuft, können wir erleben, wie wir uns auf diesen drei Ebenen frei entfalten.

Die meisten von uns hatten bislang das Ziel, ein möglichst starkes Ego zu entwickeln. Jetzt befinden wir uns in einer Zeit, in der immer mehr Menschen bewusst wird, dass das nicht so bleiben sollte. Denn die Lösungen, die starke Egos finden, sind nicht dazu geeignet, unsere Probleme nachhaltig zu lösen.

In diesem fünften Kapitel geht es darum, wie Sie Ihre Bestimmung verkörpern. Das können Sie umso besser, je mehr Sie sich Ihrer *inneren Stimme* bewusst sind, was bedeutet, dass Sie über die Grenzen Ihres Egos hinaus lernen, sich der Führung Ihrer *inneren Stimme* hinzugeben.

Die untere Ebene – das schwache Ego
Einen Menschen mit einem schwachen Ego erkennen Sie typischerweise an den folgenden fünf Merkmalen:

1. *Unwilligkeit:* Der Mensch ist antriebslos, nichts scheint Sinn zu haben. Er spürt nicht den Wunsch, sich aktiv am Leben zu beteiligen.

2. *Unsicherheit:* Der Mensch hat kein Vertrauen – nicht zu sich selbst, nicht zu anderen, nicht zum Leben und zur Welt. Dadurch ist er tief verunsichert.

3. *Unvermögen:* Der Mensch glaubt, nicht aus eigener Kraft dazu in der Lage zu sein, sich oder andere so zu versorgen, wie er das gerne würde. Er erlebt sich als Opfer und macht anderen Vorwürfe dafür, dass sie tun, was sie tun. Er denkt sich – ohne es selbst zu merken – immer wieder in diese bedürftige Position hinein, die sich in der Folge auch in seiner äußeren Lebensrealität widerspiegelt.

4. *Unversöhnlichkeit:* Der Mensch ist wütend – auf andere Menschen, auf die Welt und auf sich selbst. Angriffslustig oder trotzig zieht er mit lautem Getöse seine Bahnen und bemerkt nicht, wie er sich selbst, seinem Lebensglück und der Schöpfung damit schadet.

5. *Unbewusstheit:* Der Mensch weiß nicht, wer er in Wirklichkeit ist. Er hat keinen Kontakt zu der lebensspendenden Essenz in seiner Mitte. Er hat die ihm eigene Stärke bisher nicht angenommen, und er ist nicht in der Lage, sich seinem wahren Wesen hinzugeben.

Jeder Mensch hat mehr oder weniger Spuren eines schwachen Egos in sich. Wenn sein Ego sehr schwach ist, kann der Mensch seine Bestimmung nicht erkennen, geschweige denn verwirklichen.

Die mittlere Ebene – das starke Ego

Das starke Ego hat mit dem schwachen Ego gemeinsam, dass beide sich als getrennte Lebensformen verstehen, die keinen Kontakt zum alles einenden Urgrund, der Quelle des Lebens, spüren. Das starke Ego allerdings hat – und hierin liegt seine Fortentwicklung gegenüber dem schwachen Ego – Zugang zu »persönlicher Power« gefunden. Mit ihr und im Vertrauen auf sie gestaltet ein Mensch mit einem starken Ego sein Leben. Sie erkennen einen solchen Menschen an fünf typischen Wesenszügen:

1. *Sichtbarkeit:* Der Mensch ist sichtbar und nimmt aktiv am Leben teil. Er kooperiert mit anderen, leistet Dienste für andere und kann bis zu einem gewissen Grad lernen und akzeptieren, dass er so ist, wie er ist, und die anderen so sind, wie sie sind.

2. *Siegessicherheit:* Der Mensch übernimmt Verantwortung – für seine eigenen Vorstellungen vom Leben und für das, was er für richtig oder gerecht hält. Er glaubt, dass es kein eines großes Wesen, sondern nur viele kleine Wesen gibt, die alle voneinander getrennt sind. In diesem Miteinander der Vielen will er sich durchsetzen und bestehen, damit die »bessere« Idee gegen die »schlechtere« Idee siegt. Dem liegt der Glaube zugrunde, dass sein bewertender Verstand, der die Welt in gut und schlecht unterteilt, Recht hat. Sein Verstand macht aus »Erscheinungsunterschieden« Wertunterschiede. An diese Wertunterschiede glaubt das starke Ego, ja sie geben ihm erst sein Fundament. Vor Gott und dem Leben sind alle Dinge in Wahrheit gleich viel wert, auch wenn sie unterschiedlich sind. Der Verstand des starken Egos erfindet aber eine Welt von »mehr wert« und »weniger wert«, und sein Besitzer will sich in diesem selbst erfundenen Spiel durchsetzen.

3. *Strebsamkeit:* Der Mensch definiert sich über das, was er hat oder erreicht. Weil er nicht um die Einheit mit der Lebensquelle weiß, ist das sein höchstes Ziel. Er möchte *haben,* dafür setzt er sich und seine Ego-Kräfte ein. Er will äußere Ziele erreichen, und er will im Außen erfolgreich sein.

4. *Sorgsamkeit:* Der Mensch entwickelt bis zu einem gewissen Grad die Fähigkeit zu vergeben und zu einem friedvollen, respektvollen und mitfühlenden Miteinander.

5. *Sachbewusstheit:* Der Mensch weiß viele Dinge, er hat viel gelernt und ist sich dessen auch bewusst. Dieses Wissen nutzt er im Umgang mit dem eigenen Leben und mit anderen.

In der Summe ist ein Mensch mit einem starken Ego dazu in der Lage, sich für seine eigenen Vorstellungen vom Leben einzusetzen und im besten Fall faire Kompromisse auszuhandeln. Da er davon ausgeht, dass alle Menschen voneinander getrennte Formen sind, weil er nicht weiß, dass alle Lebewesen durch eine gemeinsame Essenz verbunden sind, reichen die Ergebnisse, die ein Mensch mit einem starken Ego erzielt, nicht dazu aus, größtmögliches Glück und stabile, nachhaltige Lösungen hervorzubringen. Immer zahlt irgendjemand einen Preis für die Verwirklichung eines anderen – das ist die Welt des Egos.

Die höhere Ebene – die innere Mitte
Sie unterscheidet sich grundlegend von den beiden erstgenannten Ebenen: Ein Mensch, der sich in seiner inneren Mitte befindet, erkennt die Einheit allen Lebens – auch als grundlegende Essenz von sich selbst. Eine die Dinge voneinander trennende Weltsicht, die für das Ego typisch ist, wird hier transzendiert. Das zeigt sich in diesen fünf Aspekten:

1. *Bestimmung:* Der Mensch kennt seine Bestimmung, er handelt kreativ und weise.
2. *Bekenntnis:* Der Mensch hat sich der Führung seiner inneren Stimme anvertraut. Er bekennt sich hierzu immer wieder aufs Neue und findet darin unendliche innere Sicherheit und Geborgenheit.
3. *Beherztheit:* Der Mensch findet sein Selbstwertgefühl bedingungslos im Sein: einfach, weil er *ist*, nicht weil er etwas hat oder tut, ist er auch *wert*. Er unterscheidet auch nicht mehr nach »gut« und »böse« oder »besser« und »schlechter«. Sein Wille und seinen Verstand sind eins geworden mit dem höheren Willen des Lebens, der inneren Stimme. Bedingungslose Liebe ist für ihn ein Grundmerkmal der Schöpfung und der grundlegende Zustand des eigenen Selbst. Der Mensch lernt, nichts mehr von dieser bedingungslosen Liebe zurückzuhalten, sondern sie durch beherztes

Handeln aktiv zu demonstrieren. Sein ängstliches, sich vor dieser Öffnung schützen wollendes Ego nimmt er mutig und vertrauensvoll in die Bewegung seines liebenden Herzens mit hinein. Dadurch kommt jene wahre Größe zum Vorschein, die in uns Menschen natürlich vorhanden ist und für die wir diejenigen, die sie zeigen, oft bewundern. Beherzt, lebens- und todesmutig bringt der Mensch Liebe und Freude in alle Momente und in das Leben anderer hinein; er ist den Nöten, die er wahrnimmt, liebevoll und heilend zugewandt. Sein Ego ergibt sich diesem größeren Zusammenhang und wird vom auf Trennung ausgerichteten Herrscher zum einheitsbewussten dienenden Instrument.

4. *Begeisterung:* Der Mensch ist erfüllt von einer Freude am Leben, die bedingungslos ist. Ganz gleich, was sich im Außen ereignet, immer ist dieses Glücksgefühl in ihm. Die Freude am Sein wird für ihn erfahrbar durch eine innere Quelle, die unberührt ist von allem, was im Außen ist. Sein Wesen wird erfüllt von dieser Freude, seine Handlungen werden von ihr durchstrahlt. Allein durch sein Sein übertragen sich Freude, Liebe, Energie, Glück und Erfülltheit auf alle, die ihm begegnen und die er berührt.

5. *Bewusstheit:* Der Mensch ist sich seiner selbst bewusst. Er erkennt reines Bewusstsein als seine wahre, tiefste Natur. Er erkennt, dass die Gedanken, Gefühle und Handlungen, die er vorher als »meine« bezeichnet hat, sich in ihm ereignen, dass er sie selbst »empfängt« und dass sie »durch ihn hindurchgehen«. Er bemerkt, sie alle kommen aus einer Quelle, die viel größer ist als er. Diese Quelle erkennt er als die Essenz seiner selbst und die aller anderen. Er sieht das Licht dieser Essenz durch jedes Gesicht leuchten. Das macht ihn auf eine Weise zugewandt, liebesfähig und vertrauensvoll, wie sie Menschen ohne diese Bewusstheit nicht möglich ist. Für ihn sind »ich« und »Du« keine Gegensätze mehr, er erkennt beide als Ausdruck desselben.

Die Welt ist heute voll von Menschen mit schwachen oder starken Egos. Die Probleme, vor denen wir stehen – ökologisches Gleichgewicht als Lebensgrundlage, Hunger, ungerechte Wohlstandsverteilung, Sinnkrisen und Burnouts, Weltfinanzkrise, Kriege, zu wenig gelebte Liebe, Bildungs- und Gesundheitssystemmängel – sind aber nur lösbar durch Menschen, die sich in ihrer inneren Mitte befinden. Daher wollen wir uns den Übergang von einem starken Ego zur inneren Mitte jetzt genauer ansehen.

Ein starkes Ego entwickeln

Um aus einer Person mit einem schwachen Ego eine Person mit einem starken Ego zu machen, gibt es mehrere Wege. Der wirksamste von ihnen besteht darin, Kontrolle über die eigenen Gedanken zu bekommen. Viele Erfolgsexperten lehren uns, dass wir den von uns gewünschten Erfolg dann erreichen, wenn wir gedanklich ganz und gar auf ein motivierendes Ziel fokussiert sind und alle negativen Gedanken über uns selbst ausblenden.

Die Person mit einem starken Ego hat einen wichtigen Zusammenhang verstanden: Unsere Gedanken erschaffen unsere Realität. Die äußeren Umstände unseres Lebens sind das Ergebnis dessen, was wir denken.

Für all jene, die noch nicht das Gefühl haben, das Leben zu leben, das wirklich in ihnen steckt, kann diese Erkenntnis eine sehr hohe Anziehungskraft haben. Und tatsächlich sind das Leben und die Wirklichkeit der Person mit einem starken Ego weitaus angenehmer als das, was ein Mensch mit einem schwachen Ego erlebt.

In den letzten 15 Jahren sind mir immer mehr Menschen begegnet, die zwar sehr starke Egos hatten und richtig viel Erfolg, die daneben aber auch noch etwas anderes gemeinsam hatten: Sie alle haben die Erfahrung gemacht, dass auf diesem Weg des starken Egos und der Orientierung am äußeren Erfolg tiefe Erfüllung im Leben nicht gefunden werden kann. Sie alle sind an einen Punkt im Leben gekommen, an dem sie erkannt haben: Da ist noch mehr ...

Meist wurde diese Erkenntnis dadurch ausgelöst, dass etwas Unerwartetes und Unangenehmes geschehen ist (zum Beispiel ein Unfall, eine Krankheit oder eine plötzlich auftauchende Krise). Oder aber sie haben sich irgendwann so prall erfüllt von ihrem persönlichen Erfolg gefühlt, dass sie das ganz natürlich einem neuen Ufer entgegengespült hat – hin zu mehr Sinn und tiefer Erfüllung.

Hier sind drei Beispiele von Menschen, bei denen sich das konkret so ereignet hat:

• Viele kennen Karlheinz Böhm, den 2014 verstorbenen Gründer von »Menschen für Menschen«. Er hat – dem Ruf seiner Bestimmung folgend – auf dem Höhepunkt seiner schauspielerischen Karriere entschieden, ein tieferes, bedeutungsvolleres Leben führen zu wollen. Daraufhin hat er sich viele Jahrzehnte lang für Menschen in Afrika eingesetzt.

• Vor einigen Jahren kam ein 400-facher Millionär, ein 42-jähriger Unternehmer, zu mir ins Coaching. Auch er suchte nach dem Sinn seines Lebens und nach seiner Bestimmung. Er führte ein Leben, »nach dem sich 99 Prozent der Menschen die Finger lecken würden«, wie er selbst sagte. Aber etwas in ihm reagierte auf meine Videos im Internet und ließ ihn im Coaching finden, wonach er gesucht hatte. Er gründete ein gemeinnütziges Online-Verbrauchermagazin, um Menschen dabei zu helfen, gesunde Finanzentscheidungen zu treffen.

• Arianna Huffington, Mitbegründerin und Chefredakteurin der Online-Zeitung *The Huffington Post*, avancierte in Rekordzeit zu einer der einflussreichsten Bloggerinnen der Welt. In ihrem Buch *Die Neuerfindung des Erfolgs* beschreibt sie eindrucksvoll, wie ein schlimmer Unfall, der sich als Folge von chronischer Überforderung und Schlafmangel ereignete, einen Bewusstseinswandel bei ihr ausgelöst hat. Nun macht sie sich für eine neue Definition von Erfolg stark – nicht mehr nach dem Motto: »Geh raus und klettere die Erfolgsleiter hoch!«, sondern nach dem Motto: »Geh raus und lebe ein erfülltes Leben!«

Ein starkes Ego zu entwickeln hat also Vorteile, aber diese sind begrenzt.

Vom starken Ego zur inneren Mitte

Wenn ein Mensch mit einem starken Ego die Ebene der inneren Mitte erreicht, passiert vor allem eines: Er richtet sich innerlich neu aus. Unsere gesamte Entwicklung hin zu einem starken Ego hatte darauf aufgebaut, dass wir uns Fragen wie diese gestellt haben:
- Wie kann ich aus dieser Welt das Beste für mich herausholen?
- Wie kann ich mich mit anderen so arrangieren, dass mein Interesse dabei so weit wie möglich gewahrt wird?
- Wie kann ich mich so verhalten, dass auch die Interessen der anderen dabei in einem gesunden Maß gewahrt werden?

Das alles bleibt zwar erhalten, wenn sich das Bewusstsein eines Menschen weiter vertieft, doch zu dem personalen und interpersonalen Bezug, der durch diese Fragen zum Ausdruck kommt, gesellt sich nun noch eine weitere Dimension hinzu: die Transpersonale. Wir erkennen, dass sowohl wir selbst als auch alle anderen Ausdruck ein- und desselben sind. Das wirkt sich auch auf die Fragen aus, die wir uns stellen. Fragen wie diese kommen dann hinzu:
- Wie kann ich das Wohl der Welt bestmöglich erhalten oder mehren?
- Wie kann ich mit mir und anderen so umgehen, dass das Interesse der Schöpfung dabei so weit wie möglich gewahrt wird?
- Wie kann ich mich zum Wohl des Ganzen verhalten?

Die wichtigste Veränderung, die bei diesem Übergang geschieht, ist also, dass es nicht länger nur darum geht, die persönlichen Interessen von uns und anderen zu orchestrieren. Wir erkennen, dass wir selbst Schöpfer der Welt sind, und übernehmen dafür Verantwortung. Wir interessieren uns nun primär dafür, die Liebe, die wir als den natürlichen Urzustand des Lebens erfahren, in die Welt zu bringen – beruflich und privat. Wir begrenzen unsere Liebe nicht mehr nur auf die, die uns nahestehen, sondern wir lieben alles, was existiert.

Wir werden fähig dazu, weil sich ein Füllhorn des Glücks über uns selbst ergießt, zu dem wir auf der Ebene des starken Egos noch keinen Zugang hatten. Weil wir unsere Erfülltheit aus diesem innersten Ort in uns beziehen, werden wir frei, uns der Welt hinzugeben, ohne etwas von ihr zu erwarten. Wir werden frei, unsere Bestimmung zu leben, auch wenn sich ihr andere Egos in den Weg stellen.

Wir entwickeln menschliche Größe. Und wir erkennen, dass dies nichts ist, das nur wenigen Menschen vorbehalten ist, sondern dass das in Wahrheit der Urzustand von uns allen ist.

Selbstdialog 1 (Person -> Innere Mitte)

Seit 1994 nehme ich immer wieder an Fortbildungen teil, um mein Wissen und mein Methodenrepertoire zu erweitern. Die Arbeit mit vielen verschiedenen Stimmen, sogenannten Teilpersönlichkeiten, die es in uns gibt, ist mir erstmals in einer NLP-Ausbildung 1995 begegnet und bis heute ein wesentlicher Teil meiner Arbeit. Wir Menschen sind nicht nur ein (!) einfaches Ich – wir bestehen aus verschiedenen Perspektiven, die in unserem Ich enthalten sind. In diesem Zusammenhang habe ich irgendwann auch damit begonnen, innere Dialoge zwischen meinem Ich (Fragen in meinem Kopf) und meiner inneren Mitte (Antworten aus dem Zentrum meines Bewusstseins, das mich mit allem verbindet) zu führen.[5] Wir alle können das, sobald unser Bewusstsein offen genug dafür geworden ist.

Mit der Stimme meines Ichs, also meiner Person, stelle ich Fragen, auf die ich im Moment gern eine Antwort hätte. Dann wechsle ich innerlich die Perspektive und gehe auf die Ebene meiner inneren Mitte. Dort vernehme ich dann Antworten auf die Fragen, die ich aus dem Zustand des Ichs / meiner Person gestellt habe. Hier einige Beispiele aus meiner Dialogpraxis der letzten zehn Jahre:

Person: Wie kriege ich es hin, mit meiner Sache endlich auch erfolgreich zu sein? Also auch das Geld zu verdienen, von dem ich glaube, dass es die Sache wert ist?

Innere Mitte: Du musst dich den Leuten wirklich hingeben. Sie müssen dich sehen, Du musst dich ihnen schenken – das werden sie honorieren.

Person: Wird die Partnerschaft mit einer Frau diesmal weniger schmerzhaft sein als zuletzt? Bewirkt meine Weiterentwicklung der letzten Jahre hier einen so großen Unterschied, dass ich mich dieses Mal glücklich fühlen werde?

Innere Mitte: Du bist viel weiter gekommen, als dir bewusst ist, und du wirst mit den Situationen viel erfüllter umgehen können als bisher. Du glaubst es nur selbst noch nicht.

Person: Und was kann ich tun beziehungsweise gibt es da überhaupt etwas zu tun, um eine neue Partnerschaft anzuziehen? Bin ich überhaupt schon so weit? Ich nehme in mir die Angst wahr, wieder verletzt zu werden und wieder zu verletzen

Innere Mitte: Es wird sich ereignen. Du wirst es erkennen. Dann wirst du dein Bestes geben … und sehen, was dabei herauskommt …

---

[5] Einer weltweiten Öffentlichkeit bekannt geworden sind solche Dialoge durch die Bestsellerbücher des amerikanischen Autors Neale Donald Walsch: *Gespräche mit Gott.*

Person: Ja, aber wird das denn etwas Schönes sein oder nicht?

Innere Mitte: Es wird sehr reich sein, sehr berührend, sehr tief und erfüllend.

Person: Ja, aber wird es denn auch angenehm sein?

Innere Mitte: Es wird dich positiv wie negativ berühren.

Person: Aber wenn ich dann sage:»Nee, ich mach's nicht. Ich hab zu viel Angst vor unangenehmen Berührungen«, was hat das für Konsequenzen?

Innere Mitte: Das wirst du nicht tun, weil du die Liebe spüren wirst. Du wirst dich darauf einlassen und dann das lernen und genießen, was es jetzt zu lernen und zu genießen gibt.

Die Antworten der inneren Stimme sind immer sehr klar. Es ist sinnvoll, dass Sie Ihre Fragen so offen und ehrlich wie möglich stellen und dann loslassen. In dem Moment, wo Sie sich einlassen auf die Weite Ihrer inneren Mitte, ist es wichtig, dass Sie völlig auf Empfang umschalten. Im Zustand der Person senden Sie die Frage, die in Ihrem Bewusstsein ist. Im Zustand der inneren Mitte öffnen Sie sich und empfangen Antworten, die aus Ihrem Inneren zu Ihnen aufsteigen. Bewerten Sie sie nicht, Sie müssen sie nicht immer sofort verstehen, sondern nehmen Sie sie genauso an, wie Sie sie erhalten!

Diese Methode hat mir in meinem Leben schon so oft geholfen, Probleme zu lösen, Beziehungen zu heilen und die richtigen Entscheidungen zu treffen, dass man ihren Wert kaum in Worten ausdrücken kann.

Probieren Sie es auch einmal aus! Stellen Sie sich, wenn Sie in den Zustand Ihrer inneren Mitte gehen, vor, dass Sie ein unendlich weites Meer oder ein blauer Himmel sind (denn das sind Sie – in Ihrer Essenz sind auch das Meer und der Himmel dasselbe wie Sie). Wenn Sie dieses Meer oder dieser Himmel sind, welche Antworten steigen dann zu Ihnen auf?

Selbstdialog 2 (Innere Mitte -> Person)

Die heilende Wirkung dieser Selbstdialoge ist immens. Sobald wir auf diese Weise den Kontakt zu unserer inneren Stimme herstellen, können wir unsere Bestimmung immer besser verkörpern. Ich selbst erlebte im Jahr 2012 einen Schub in der Entwicklung meines Bewusstseins. Heute weiß ich, es war der Übergang von einem primär »personalen« zu einem primär »transpersonalen« Selbstverständnis (Identität).[6] »Personal« bedeutet, ich verstehe mich als die Person, die ich bin, und alle anderen sind andere, von mir getrennte Personen. »Transpersonal« bedeutet, ich weiß, dass wir in der Essenz alle eins sind, alle verschiedene Ausdrücke ein und desselben. Der Unterschied zwischen beiden Sichten auf sich selbst ist gravierend.

Genau zu dieser Zeit regte mich ein Freund dazu an, die Methode meiner inneren Dialoge zu verändern. Er riet mir, nicht länger mich als die Person zu verstehen, die Fragen an das »Göttliche« in mir stellt, sondern die Dialoge künftig so durchzuführen, dass ich mich als die Transperson verstehe und vor mir den »personalen Holger« sehe, der mir Fragen stellt. Ich fühle mich also als das Zentrum allen Lebens (ein Ort, den ich körperlich in mir fühlen kann) und schaue von da aus auf die »Form« Holger, die eine von vielen Schöpfungen ist.

Mit dieser Umstellung veränderte sich noch einmal etwas Wesentliches. Nicht so sehr in den Inhalten der Dialoge, denn nach wie vor ging es um Fragen, vor denen ich als Mensch stand, und nach wie vor erhielt ich die weisen, klaren und stimmigen Antworten meiner inneren Stimme. Was sich änderte, war mein Gefühl dafür, wer ich bin. Der transpersonale Schöpferzustand wurde immer dominanter in meinem Bewusstsein. Ich schaute nun immer mehr

---

[6] Diese Begriffe gehen auf die Arbeit des US-amerikanischen Bewusstseinsforschers und Philosophen Ken Wilber zurück.

so darauf, dass in mir, der Person Holger, die ich bin, Fragen sind, aber ich wusste immer schon, dass ich darauf die passenden Antworten auch in mir finde würde – eben in dieser inneren Schöpferperspektive, zu der ich Zugang habe.

Dadurch wurde ich immer unabhängiger davon, mir von anderen meine Wahrheit bestätigen lassen zu müssen (was typisch ist für einen personalen Schwerpunkt unseres Bewusstseins). Viele wissen nicht, dass sie die Antworten auf all ihre Fragen in sich haben. Wenn unsere Identität einen personalen Schwerpunkt hat, richten wir uns mit unseren Fragen nach außen. Wir googlen dann oder fragen andere. Daran ist nichts falsch, aber wir übersehen dabei den Zugang zu einer inneren, heilenden Weisheit. Wenn unsere Identität jedoch einen transpersonalen Schwerpunkt hat, erhalten wir die wesentlichen Antworten von innen – im Wissen, dass unsere innere Stimme das Wohl aller anderen von vorn herein mit einschließt.

Bedingtes versus bedingungsloses Glück

Unsere Bestimmung zu verkörpern und zu verwirklichen fällt uns umso leichter, je transpersonaler unser Bewusstsein geworden ist. Ein wichtiger Aspekt dabei ist der, dass wir als transpersonale, bewusste Menschen Zugang haben zu einem Glück, das uns bedingungslos in jedem Augenblick erfüllt. Das macht uns freier, unsere Bestimmung zu verwirklichen, weil wir sie nicht als die ultimative Erfüllungs- und Glücksquelle für uns selbst sehen und weniger an ihr haften (Gier, Angst = typische Aspekte des Ego).

Mit einem nur personalen Bewusstsein haben wir lediglich die Chance, *bedingtes* Glück zu finden – Glück, das an Bedingungen geknüpft ist und vergeht. Mit einem transpersonalen Bewusstsein haben wir die Chance auf *bedingungsloses* Glück – Glück, das da bleibt, unabhängig davon, was sich in unserem Leben äußerlich gerade ereignet und wie sehr uns das persönlich glücklich macht (Beziehungsglück, Geldsegen, Gesundheit, Erfolg oder das Gegenteil davon).

Persönlicher Erfolg versus spirituelle Bewusstheit

Sie glauben vielleicht, dass sich solche Entwicklungen hin zu Ihrem größtmöglichen Glück erst dann ereignen können, wenn Sie eine durch und durch starke Person geworden und sehr erfolgreich in der Welt der äußeren Formen sind. Das ist zum Glück nicht der Fall. Das Schöne am bedingungslosen Glück besteht darin, dass es uns allen gleichermaßen offen steht. Eckhart Tolle, einer der derzeit bekanntesten spirituellen Lehrer überhaupt, war – weltlich gesprochen – ein Niemand, als er eine tiefgreifende und nachhaltige Veränderung seines Bewusstseins erfuhr. Es ist also nicht so, dass man erst dann, wenn man seine weltlichen Schäfchen im Trockenen hat, in der Lage ist, das größte Glück auf Erden zu erfahren.

Wenn es einem Menschen gelingt, seine Bestimmung voll zu verkörpern, dann deshalb, weil die Transperson und die Person, die er ist, eins geworden sind. In diesem Zustand gibt es keine Dialoge mehr zwischen der Person auf der einen und der Transperson auf der anderen Seite. Meist ergeben sich gar keine Fragen mehr, aber wenn in der Person doch noch eine auftaucht, ist die Antwort aus der Transperson so schnell da, dass man kaum noch das Gefühl hat, dass sich Fragen stellen. Zugleich ist einem völlig klar, dass das Leben und die Wirklichkeit so viel komplexer sind als alles, was man mit seinem kleinen personalen Verstand jemals begreifen kann, dass man damit aufhört zu glauben, man »wisse« etwas. Jedenfalls nicht im personalen Verstand. Demut zieht ein und mit ihr die Gewissheit, dass sowohl man selbst als auch jeder andere mit seinem personalen Verstand immer nur einen Teilausschnitt der Wirklichkeit erfassen kann.

Im vierten Kapitel ging es darum, wie Sie ihre Bestimmung erkennen. In diesem fünften Kapitel ging es darum, wie Sie sie verkörpern. Die Kernaussage des Kapitels möchte ich hier noch einmal zusammenfassen:

**Je mehr Sie Ihre Bestimmung verkörpern,
umso leichter gelingt Ihnen ihre Verwirklichung.**

6 Verwirklichung – Erfülle deine Bestimmung

In diesem sechsten und letzten Kapitel möchte ich Ihnen ein paar wertvolle Methoden und Strategien mit auf den Weg geben, die Ihnen dabei helfen, Ihre Bestimmung nachhaltig erfolgreich zu verwirklichen.

Zuerst werde ich Sie dazu einladen, sich Gedanken darüber zu machen, was Erfolg für Sie eigentlich bedeutet. Dieser Begriff wird häufig sehr unterschiedlich definiert, und es tut gut, sich in einer eigenen klaren Definition von Erfolg verankern zu können. Dann zeige ich Ihnen, dass sich Ihre Bestimmung viel leichter verwirklichen lässt, als Sie denken, und zum Schluss gebe ich Ihnen noch fünf konkrete Erfolgsmethoden an die Hand, die schon für viele meiner Kunden sehr hilfreich gewesen sind.

Erfolg – was ist das?

Was bedeutet Erfolg für Sie? Notieren Sie bitte gleich hier kurz Ihr aktuelles Verständnis von Erfolg:

Erfolgreich bin ich dann, wenn …

Wie geht der Satz für Sie weiter? Ich gebe Ihnen hier einige Beispiele für Erfolgsdefinitionen. Welcher kommt Ihrer am nächsten? Erfolgreich bin ich dann, wenn …

- … ich der Boss bin, sage, wo es lang geht, und die anderen mir folgen.

- … ich dafür gesorgt habe, dass alles seine Ordnung hat, jeder das tut, was ihm zugedacht ist und keiner seine Grenzen zulasten eines anderen überschreitet.
- … ich möglichst viel Geld, Anerkennung, Verantwortung, Einfluss oder eine hohe Position innehabe.
- … ich meine Mission und Vision verwirklicht habe.
- … ich mich wohlfühle und dafür sorgen kann, dass andere es auch tun.
- … ich nach meinen besten Möglichkeiten im Einklang mit allem lebe und immer dazu beitrage, dass stimmige, freudvolle, liebevolle und friedvolle Lösungen für alle Situationen gefunden werden.

Wie lautet Ihre Erfolgsdefinition? Meiner Erfahrung nach ist es wichtig und wertvoll, dass unser Verständnis von Erfolg gut zu dem Inhalt unserer Bestimmung und Vision passt.

Was empfehle ich Menschen, die ernsthaft daran interessiert sind, ihre innere Stimme und ihre Bestimmung zu finden und sie in ihrem Leben zu verwirklichen? Gibt es ein bestimmtes Verständnis von Erfolg, das besonders zu diesem Wunsch passt, oder gilt hier der Spruch:»Viele Wege führen nach Rom«? Nein, ganz so beliebig ist die Sache in diesem Fall nicht. Und zwar aus folgendem Grund:

Sie können Erfolg als etwas verstehen, das es anzustreben und dem es nachzujagen lohnt. Dahinter steckt die Idee:»Wenn ich erst erfolgreich bin, dann …« (wird alles Mögliche möglich). Dann …

- kann ich mich endlich anerkennen.
- bin ich endlich etwas / viel wert.
- habe ich mir die Anerkennung der anderen ehrlich verdient usw.

Aber das alles verfehlt den Punkt, weil es nicht im Einklang mit einem Leben ist, das aus Ihrer inneren Stimme gelebt wird. Je mehr Sie nämlich mit Ihrer inneren Stimme in Einklang sind, umso mehr spüren Sie Erfüllung in jedem Augenblick. Nur wenn das *fehlt*, wenn wir diese Erfüllung aus dem reinen Sein heraus nicht fühlen, sind wir empfänglich für Ideen, die sich auf die Zukunft beziehen: »Wenn ich in der *Zukunft* etwas erreiche, dann geht es mir in der *Zukunft* besser«. Hinter dieser Idee steckt immer der Glaube, dass es Ihnen jetzt, in der *Gegenwart*, noch nicht so gut geht, wie es Ihnen gehen könnte. Und dann geht sie los, die Jagd nach den Erfolgen, verbunden mit der Vorstellung, dass dann endlich alles gut sein wird.

Aber das wird es nicht. Weil Sie nur im Hier und Jetzt Erfüllung fühlen und bemerken können, dass sie nicht abhängt vom Erfolg. Der Erfolg ist ein Zubrot, das zu denen kommt, die den inneren Weg in die Erfüllung hinein geschafft haben – nicht umgekehrt.

Jedes Erfolgsverständnis also, das davon ausgeht: »Erst der Erfolg, dadurch dann die Erfüllung«, läuft in die Irre und verstellt uns den Blick für die Wirklichkeit. Ich sage das hier so deutlich, weil dieses Denken heute so weit verbreitet ist: Wir jagen dem Erfolg nach in Fernsehquizshows, in der Wirtschaft, in der Karriere und sonst wo, immer in der Annahme, dass Erfolg allein uns jemals erfüllt und glücklich machen könnte. Doch das ist ein Irrtum.

Wenn wir im Einklang mit unserer inneren Stimme leben, klingt unser Erfolgsverständnis in etwa so:

Erfolg ist etwas Schönes und kann genossen werden – aber erst dann, wenn der Mensch in der Erfüllung ruht.

Ein schönes Beispiel dafür ist die Liebe. Sind Sie je einer Art von Liebe begegnet, die Sie hat spüren lassen: Diese Liebe, diese Kraft, die uns beide da verbindet, die ist einfach so groß, dass ich mich nur noch hingeben möchte? Haben Sie erlebt, dass Sie Vorstellungen von einem idealen Partner hatten (vielleicht sollte sie ein hübsches Gesicht und schlanke Hüften haben, oder er sollte reich, stark und groß sein), und Ihnen dann ein Mensch begegnet ist, der diesem Ideal so gar nicht entsprach und in den Sie sich trotzdem Hals über Kopf verliebt haben? Die Anziehungskraft zwischen Ihnen beiden und Ihre Passung als Persönlichkeit war so überzeugend, dass Sie

Ihre äußerlichen Vorstellungen bald fahren gelassen haben, weil Sie sich dieser Liebe und dieser Passung einfach nur hingeben wollten. Kennen Sie das?

Genauso wie mit der Liebe ist es auch mit dem Erfolg. Wenn wir auf die Äußerlichkeiten aus sind, die schlanken Taillen, die schönen Villen und die prallen Konten, ist das ein Verständnis von Erfolg, mit dem es uns nicht gelingen wird, unsere Bestimmung erfolgreich zu leben. Wir brauchen den Zugang zur Innerlichkeit, wir müssen unsere Bestimmung und Vision mit dem Herzen sehen. Je mehr wir mit der Liebe in Kontakt sind, die uns mit unserer Bestimmung verbindet und je mehr wir dazu bereit sind, äußere Annehmlichkeiten dafür loszulassen, wenn das stimmig und notwendig erscheint, umso aussichtsreicher sind unsere Chancen auf Erfolg.

Erfolgreich mit unserer Bestimmung werden wir nicht dadurch, dass wir den Erfolg wollen, sondern dadurch, dass wir unsere Bestimmung lieben und uns ihr hingeben – dafür werden wir mir Erfolg belohnt. Wir würden äußeren Erfolg auch nicht eintauschen für die innere Erfüllung, die das Verwirklichen unserer Bestimmung mit sich bringt. Klar, wir wollen beides, aber wir wissen, worin wir wurzeln – in diesem bedingungslosen Ja zu dem, was wir sind und lieben.

Je näher Ihr Erfolgsverständnis dieser Haltung kommen kann, umso leichter wird es Ihnen fallen, die Fülle zu erleben, die Sie für Ihre Mühen auf dem Weg Ihrer Bestimmung belohnt. Ich wünsche Ihnen das von Herzen – denn die Fülle, die dann zu Ihnen kommt, ist mit Worten nicht auszudrücken …

Sein und Werden

Im Winter 2013 erlebte ich einen starken Schub in meiner Bewusstseinsentwicklung. Wochenlang fühlte ich einen so engen Kontakt mit dem reinen Sein, wie ich es bis dahin noch nie erlebt hatte. Acht Tage lang verspürte ich keinen Impuls zu handeln. Ich tat Dinge, die für die Verrichtung meines Alltags notwendig waren, aber das, was mir immer so viel bedeutet hatte – die Verwirklichung meiner Mission – war für mich hier, im reinen Sein, nicht notwendig. Ich fühlte mich komplett erfüllt, gesegnet, geborgen und versorgt.

Am neunten Tag dann veränderte sich etwas. Ich konnte merken – anfangs nur vage, dann immer stärker –, wie aus dem Nichts, aus dieser Leere des reinen Seins und Bewusstseins, plötzlich eine Bewegung kam. Diese Situation lehrte mich eine wichtige Lektion: *Ich kann mich darauf verlassen, dass aus meiner tiefsten Entspanntheit und inneren Ruhe heraus alle zur Umsetzung der Bestimmung nötigen Impulse entstehen.*

Ich lernte, dass es einen natürlichen Rhythmus gibt, einen ständigen Wechsel zwischen proaktivem Tun und auftankender Erholung. Ich lernte, dass ich mich mit keinem inneren Antreiber motivieren muss, weil ich aus der Tiefe meines Wesens all jene Impulse empfange, die zur Umsetzung meiner Bestimmung führen.

Wenn Sie Ihre Bestimmung ganz verkörpern, dann sind Sie im Frieden mit sich und der Welt und fühlen sich vollständig getragen. An diesem inneren Ort gibt es nichts zu tun. Es ist der Ort des *Seins.* Ihr Ich, Ihre Person, und die Dinge und Umstände Ihres Lebens entwickeln sich gleichzeitig immer weiter. Hier – in den äußeren Formen – ist Evolution am Werk. Das ist der Ort des *Werdens.* Dieses Werden geschieht aus dem Sein, ohne dass Sie dafür angestrengt etwas tun müssen. Das Sein kann gar nicht anders, als immer auch zu werden. Alles, was zu tun ist, ist, dass Sie die Impulse, die aus Ihrem Wesen kommen, erkennen und umsetzen – das ist es, was ich »Verkörperung« nenne.

Ist Ihre Verkörperung vollständig genug, *sind* Sie zum Wesen Ihrer Bestimmung selbst geworden. Spätestens dann wird sie sich verwirklichen. Sie werden von Ihrer inneren Stimme geführt werden und nach und nach alles lernen, was nötig ist, um Ihre Bestimmung erfolgreich zu verwirklichen. Nur wenn Sie sich dafür öffnen, die Impulse Ihres inneren Wesens zu empfangen, können Sie diese auch ausführen (und nicht irgendwelche anderen, die vielleicht Ihrem eigenen Willen entstammen). Sie wissen nie, was Ihr inneres Wesen Ihnen im nächsten Moment mitteilen wird. Bei mir waren es zum Beispiel die acht Tage des Nichthandelns.

Fünf Erfolgstipps

Ich möchte Ihnen an dieser Stelle fünf Erfolgstipps ans Herz legen, von denen ich weiß, dass sie Ihnen immens dabei helfen werden, Ihre Bestimmung erfolgreich zu realisieren. Nicht viele Menschen beherrschen diese Methoden:

• Vision
• Keine Angst vor der Umsetzung
• Von der eigenen Bestimmung leben
• Megatrends
• Unendliches Potential

Jeder dieser Erfolgstipps kann schon für sich genommen einen enormen Unterschied bewirken. Wenn Sie alle fünf miteinander kombinieren, können Sie eine Umsetzungskraft entwickeln, mit der sich Ihr Erfolg praktisch gar nicht mehr vermeiden lässt – vorausgesetzt, Sie verkörpern Ihre Bestimmung und gehen handwerklich richtig vor.

Erfolgstipp 1: Vision

Den Anfang macht die Beschreibung Ihrer Vision. Sie ist der Ausgangspunkt für alle weiteren Überlegungen. Warum? Die meisten Menschen, die ihre Bestimmung noch nicht leben, sagen, dass ihnen vor allem eines fehlt: Die Klarheit über das Ziel, ihre Vision. Jetzt geht es darum, aus Ihrer Bestimmung, die Sie sich im vierten Kapitel erarbeitet haben, eine konkrete Vision werden zu lassen, die Ihr Gehirn leicht verstehen und umsetzen kann. Während Ihre Bestimmung eine Sinnaussage ist und den Inhalt Ihres Beitrags für die Welt beschreibt, drückt Ihre Vision das Endergebnis Ihres Wirkens aus. Eine Vision ist ein Bild, das Ihr vollendetes Werk darstellt. Ihr Idealbild.

Dieses Visionsbild wird Ihnen die Kraft geben durchzuhalten, wenn Ihnen Ihre Bestimmung zu groß erscheint oder zu schwer umzusetzen ist. Alle wichtigen Entdeckungen und Veränderungen, ob Kolumbus' Entdeckung von Amerika oder Gandhis Befreiung Indiens von der britischen Kolonialherrschaft, haben mit einer Vision begonnen. Wir Menschen haben das Bedürfnis, uns die Zukunft vorzustellen. Ohne eine Vision, auf die wir unsere Absicht und Aufmerksamkeit richten können, verdursten wir. Dennoch sind die meisten von uns in der Vergangenheit gefangen, und nur wenige können über die Gegenwart hinausschauen – auf das Leben, das sie wirklich führen wollen.

Um Ihnen genau dies zu ermöglichen, gebe ich Ihnen im Folgenden eine Methode an die Hand, mit der Sie hier und jetzt Ihre Vision entwickeln können:

- Schreiben Sie Ihre Vision auf.
- Formulieren Sie Ihre Vision im Präsens, so als hätten Sie sie bereits umgesetzt.
- Ihr Visionsbild sollte alle Bereiche Ihres Lebens umfassen.
- Es sollte sehr konkret und detailliert sein, so dass Sie es wirklich fühlen können.

Es ist wichtig, die Vision genau zu formulieren!

Beispiel: Stephan (44) hat seine Bestimmung so formuliert:[7]
Meine Bestimmung ist, in Kindern die Liebe zur Musik zu wecken, zu fördern und zu pflegen.

Seine Vision lautet:
Ich singe drei Abende pro Woche und arbeite die übrige Zeit als Musiklehrer an einer Schule. Einmal pro Monat organisiere ich Schulveranstaltungen, bei denen ich selbst und andere Musiker auftreten. Durch meine Arbeit haben Kinder in Berlin in diesem Jahr drei Konzerte erlebt, die Schulband hat 30 Prozent mehr Mitglieder und ich habe Sänger und Musiker kennengelernt, die ihrer Arbeit mit viel Engagement und Begeisterung nachgehen. Kunden aus Berlin kaufen mehr anspruchsvolle Schlagermusik in einschlägigen Plattenläden und im Internet. Zwei Unternehmen finanzieren Musikstipendien für Kinder aus sozial benachteiligten Familien. Ich habe einen privaten Sponsor für meine Arbeit gefunden und wurde gefragt, ob ich meine Unterrichtsmethode deutschlandweit einführen möchte.

Je konkreter Sie wissen, was Sie wollen, umso mehr Unterstützung von anderen Menschen werden Sie bekommen.

Übung: Vision

Diese Fragen können Ihnen dabei helfen, leicht(er) Zugang zu den konkreten Inhalten Ihres Visionstextes zu finden:

1. Stellen Sie sich vor, wie Ihre ideale Arbeitswoche aussehen soll. Wie oft tun Sie was, welche Tätigkeiten führen Sie wöchentlich regelmäßig aus?
2. Und wie sieht ein idealer Arbeitsmonat aus? Was sind wiederkehrende Tätigkeiten, die Sie jeden Monat machen?

---

[7] Das Beispiel ist angelehnt an das Buch *Die Macht der Vision* von Laurie Beth Jones (Universitas 2003).

3. Was sind jährliche Aktivitäten oder Dinge, die sich in einem bestimmten Rhythmus wiederholen?

4. Was sind die konkreten Ergebnisse Ihrer Arbeit? Welche Menschen / Zielgruppen erleben, lernen oder erreichen etwas dadurch, dass Sie tun, was Sie tun?

5. Welche Veränderungen ergeben sich in Ihrem Markt / in Ihrer Branche durch Ihr Wirken?

6. Welche zusätzlichen Projekte, Infrastrukturen, Ergebnisse, Personalien oder Aktionen haben Sie mit Ihrer Arbeit bewirkt oder ermöglicht?

7. Was wäre ein ultimativ wünschenswertes Ergebnis, das weit über die Grenzen ihres heutigen Schaffens hinausgeht; die Krönung Ihres Visionsbilds sozusagen?

Erfolgstipp 2: Keine Angst vor der Umsetzung

Oft ist es so: Wenn eine Sache, die uns tief im Inneren glücklich macht, plötzlich vor unserer Nase steht, bekommen wir Angst. Wir fragen uns:»Echt jetzt? Ehrlich? Das soll ich annehmen dürfen?« Oft sind es solche oder andere psychische Mechanismen, mit denen wir uns selbst davon abhalten, das, was wir wirklich wollen, auch zu leben. Es ist die Angst vor der Umsetzung.

Durch eine Umfrage unter den 2 500 Abonnenten meines Newsletters habe ich erfahren – und das deckt sich mit meinen Erfahrungen als Coach – dass ca. 30 Prozent der Menschen, die ihre Bestimmung noch mehr leben möchten, von sich selbst sagen, dass sie Angst vor der Umsetzung haben.»Wie werden meine Nächsten mitziehen, werden sie mich überhaupt unterstützen?«,»Schaffe ich das?«,»Wird das Geld reichen?«,»Ist das nicht alles nur eine Spinnerei?« Fragen über Fragen tauchen plötzlich auf, wenn wir an der Schwelle stehen, das zu machen, was wir immer schon am liebsten machen wollten. Seltsam, nicht?

Der Tipp, den ich Ihnen an dieser Stelle geben will, ist der: Erlauben Sie sich Ihre Angst. Erlauben Sie ihr, da zu sein. Umarmen Sie sie wie ein kleines Kind, dem kalt ist und das zittert. Legen Sie eine warme Decke um diesen Teil in Ihnen, der Angst hat. Aber bitte tun Sie gleichzeitig – ganz, ganz wichtig (!) – noch etwas anderes: Machen Sie sich bewusst, wie Umsetzung überhaupt entsteht. Wir denken manchmal, Umsetzung sei etwas Anstrengendes.»Oje, jetzt kommt da ein wer weiß wie schwerer Weg auf mich zu, wie soll ich das denn alles nur schaffen?« Wir stellen uns die uns bevorstehende Aufgabe als einen großen Berg vor, von dem wir nicht wissen, wie wir ihn erklimmen sollen. Deshalb versuchen wir es lieber gar nicht erst. Kommt Ihnen das bekannt vor?

Die Umsetzung geschieht von allein.
Hört sich das merkwürdig an? Schließlich geschieht doch keine Umsetzung, wenn ich mir nicht auch konkrete Schritte vornehme, sie plane, in den Kalender schreibe und letztlich ausführe, also umsetze. Ich ziele mit diesem Satz auf folgende Fragen ab:
Wie vollzieht sich Umsetzung eigentlich? Wie geht sie vonstatten? Ist sie wirklich so ein großer Berg, wie wir ihn in unserem Kopf auftürmen?
Beispiel: Stellen Sie sich vor, vor Ihnen liegt die folgende Aufgabe. Sie sollen eine kleine Statue, die in drei Teile zerbrochen ist, wieder so zusammenkleben, dass sie völlig heil aussieht und die Bruchstellen nicht mehr erkennbar sind. Wie beginnen Sie nun mit der Umsetzung dieser Aufgabe? Versuchen Sie mal, gedanklich auf Zeitlupe zu schalten und lassen Sie uns die Szene Bild für Bild anschauen:
Zuerst formt sich in Ihnen ein Gedanke – die Frage, wie Sie das hinbekommen könnten, die drei Teile wieder zu einer intakten Statue zusammenzusetzen. Dann entsteht eine erste Antwort auf diese Frage, ebenfalls in Ihrem Kopf. Als Nächstes wird diese Antwort auf ihre Umsetzbarkeit überprüft. Etwas in Ihrem Kopf denkt:»Die Wahrscheinlichkeit, dass das so funktioniert, liegt schätzungsweise bei 70 Prozent. Man müsste darauf achten, dass …«

Merken Sie etwas? Kaum haben Sie damit begonnen, ihre *Aufmerksamkeit* auf diese Aufgabe zu richten, kommen ganz *von selbst* komplexe schöpferische Vorgänge in Ihnen in Gang, die nach und nach für die Bewältigung dieser Aufgabe sorgen. Sie sind »nur« der Ort, in dem sich diese Vorgänge vollziehen, aber sie vollziehen sich von selbst, ohne dass Sie sich dafür anstrengen müssten. So funktioniert Umsetzung. So lösen Sie jedes Problem. Das Einzige, was es von Ihnen braucht ist, dass Sie *Ihre Absicht und Ihre Aufmerksamkeit ausrichten* auf den Schritt, den Sie jetzt gehen möchten. Gedanken wie »Umsetzung ist schwer«, »der große Berg« usw. täuschen über die Wirklichkeit hinweg; sie sind Erfindungen eines von Angst befeuerten Geistes. Die Wahrheit ist: Worauf Sie Ihre Absicht und Ihre Aufmerksamkeit richten (das ist wie gesagt alles, was Sie entscheiden und tun müssen), setzt in Ihnen und außerhalb von Ihnen schöpferische Prozesse in Gang, die für die Erledigung der Aufgabe sorgen. Jeder Aufgabe.

Übung: Keine Angst vor der Umsetzung

1. Was ist der nächste konkrete Schritt zur Umsetzung (von Ihrer Bestimmung oder von irgendeiner Aufgabe, die jetzt vor Ihnen liegt)? Benennen Sie das Ziel dieses Schrittes, sein von Ihnen beabsichtigtes Ergebnis und richten Sie Ihre Aufmerksamkeit entspannt auf dieses gewünschte Ergebnis.

2. Nehmen Sie wahr, wie von selbst die ersten Gedanken und Handlungsimpulse in Ihnen auftauchen, und stellen Sie sich als Instrument zur Verfügung, mit dessen Hilfe und durch das hindurch diese sich entfalten und ihr Werk verrichten können.

3. Kontrollieren Sie gedanklich nicht laufend das Ergebnis (»Wie weit sind wir denn nun schon ...?«), sondern bleiben Sie in dieser offenen, empfangsbereiten Haltung, so gut Sie können.

4. Nehmen Sie dabei bewusst wahr, wie Umsetzung *aus sich selbst heraus* erfolgt, ohne dass Sie sich weiter einmischen müssen.

Nehmen Sie wahr, dass es in Ihnen ein geniales »Umsetzungs- wissen« gibt und eine Umsetzungskompetenz, die weiß, wie man das gewünschte Ergebnis erschafft. Vielleicht nicht immer sofort auf dem besten Weg, aber dieses Wesen da in Ihnen, das das umsetzt, lernt sehr schnell. Merken Sie es?

5. Gönnen Sie sich diese Erfahrung von »passiver« Umsetzung im- mer wieder, bis Sie genug darauf vertrauen, dass *Sie alles um- setzen werden, worauf sich Ihre Absicht richtet.* Diese schöpfe- rische Macht ist in Ihnen – Sie glauben nur vielleicht noch nicht daran.

Erfolgstipp 3: Von der eigenen Bestimmung leben

Viele Menschen haben Zweifel daran, ob sie, wenn sie ihre eigene Bestimmung zu ihrem Beruf machen, jemals genug Geld damit verdienen werden. Oft wagen sie es dann nicht einmal, damit an- zufangen, sondern arbeiten weiter in Berufen und Branchen, die nur ihr Portemonnaie, nicht aber ihr Herz erfüllen. Immer wieder begegnet mir in Coachings, Webinaren und Seminaren dieselbe Frage: »Wie schaffe ich es, von meiner Bestimmung gut leben zu können?«

Oft steht uns an dieser Stelle eine Annahme im Weg, die wir nicht hinterfragen und die uns den Blick auf unsere eigene Zukunft ver- engt. Diese Annahme ist, dass die berufliche Umsetzung unserer Bestimmung im Grunde vom ersten Tag an dazu in der Lage sein muss, den vertrauten Beruf, den wir bisher ausgeübt haben, abzu- lösen, auch in seiner Funktion als Ernährer.

Ich lade Sie ein, sich diesem Thema mal ein wenig anders an- zunähern: Stellen Sie sich Ihre Bestimmung als Baby vor. Ein Baby muss eine ganze Weile gefüttert und herumgetragen werden, be- vor es anfangen kann zu krabbeln. Dann dauert es wieder eine Zeit, bis es (alleine) stehen kann. Und bis es laufen kann, vergehen meist wieder einige Monate; ebenso, bis es spricht, versteht, wer es ist, wie es heißt usw. Genau durch diese Stadien geht Ihre Bestimmung auch. Sie ist nicht gleich vom ersten Tag an ein »erwachsenes Wesen«.

Versorgen Sie Ihre Bestimmung mit der Hingabe, dem Geld, der Geduld und mit der Liebe, die ihr gut tut. Gestatten Sie ihr, ihre eigene Zeit zu brauchen, bis sie steht und geht – und erst recht, bis sie Sie und Ihr Leben komplett bezahlt. Das kommt irgendwann von selbst, aber die Zeit bis dahin müssen die meisten, die sich zum Beispiel mit ihrer Bestimmung selbständig machen, anderweitig finanziell überbrücken.

Während dieser Zeit lohnt es sich, von ihrer Bestimmung als der »Kür« zu denken, deren Aufbau Sie mit der »Pflicht«, dem Einkommen aus Ihrem angestammten Beruf, finanzieren und unterstützen. Anna war 36 Jahre alt, als sie zum ersten Mal zu mir ins Coaching kam. Sie arbeitete als Steuerfachgehilfin, doch ihr Traum war es, Malerin zu sein. Lange hatte sie schon nicht mehr gemalt, weil sie Angst hatte, dass sie sich, einmal angefangen, darin verlieren und es dann so exzessiv betreiben würde, dass sie von ihren Pflichten abgelenkt wäre. Durch das Coaching gewann Anna den Mut, zunächst einen kleinen »Babystep« zu machen, indem sie sich die Erlaubnis gab, überhaupt wieder zu malen.

Tun Sie das, was Sie lieben! Tun Sie das, was Ihre Bestimmung ist! Egal, ob Sie dafür gleich Geld bekommen oder nicht, und egal, ob Sie jemals davon komplett werden leben können – tun Sie es! Einfach, weil es Ihrer Seele guttut und es Sie gesund macht.

Zehn Jahre nach unserem Coaching war Anna übrigens soweit, dass sie ganz aus ihrem Beruf als Steuerfachgehilfin aussteigen konnte. Seither lebt sie vom Verkauf ihrer Bilder. In den zehn Jahren dazwischen hatte sie beides gemacht: weiter ihr Geld in ihrem »Brotberuf« verdient und parallel dazu erst immer mehr Bilder gemalt und später diese dann auch ausgestellt und verkauft. Alles fügte sich, sobald Anna die Tür zu dem, was sie liebte, wieder geöffnet hatte.

Das können Sie auch! Wenn Sie Ihre Bestimmung wie das beschriebene Baby sehen, kommen Sie schnell zu einer gesunden Haltung in Sachen Bestimmung und wie man davon leben kann.

Übung: Von der eigenen Bestimmung leben

1. Identifizieren Sie vier Schritte, die Sie gehen müssen, damit Ihre Bestimmung ganz groß wird und für Ihren kompletten Lebensunterhalt und alle Spar-/Vermögensziele sorgen kann, die Sie heute haben. Für jeden dieser Schritte fragen Sie sich, was Sie zunächst für Ihre Bestimmung tun können, und was Sie vernünftigerweise in jedem Schritt von Ihrer Bestimmung erwarten sollten.

2. Entwickeln Sie daraus einen groben Zeitplan – in welchem Jahr sollte welcher dieser Schritte idealerweise vollendet sein?

3. Was sind die ersten drei kleinen »Babysteps«, die Sie jetzt sofort in Richtung Ihrer Bestimmung gehen können? (Einfach nur, damit Sie das, was Sie lieben, jetzt mehr tun, egal, ob Sie damit auch gleich Geld verdienen.)

4. Überlegen Sie, welche fünf Fragen Sie richtig gut beantworten können sollten, damit Sie sicher sind, von Ihrer Bestimmung auch gut leben zu können. Zum Beispiel: »Wie viele potentielle Kunden gibt es für mein Angebot in meiner Absatzregion?«, »Was ist die wirksamste Erfolgsstrategie, um dieses Kundenpotential nachhaltig zu erschließen?«, »In welchen Schritten gelingt die Erschließung dieses Kundenpotentials?«, »Wie lange könnte dies maximal dauern?«, »Mit welchen Einnahmen finanziere ich mir den Zeitraum, den die Umsetzung dieser Schritte dauert?«

Erfolgstipp 4: Megatrends

Wenn Sie eine Bestimmung verfolgen, tragen Sie allein dadurch schon ein Anliegen im Herzen, das Zukunft hat. Denn wenn es in der Welt etwas zu verbessern[8] gibt, dann ist das Thema, das mit dieser Verbesserung verbunden ist, nachhaltig und nicht morgen schon wieder vom Tisch. Das ist das Schöne am Dasein mit einer Bestimmung – Sie sind damit automatisch zukunftsträchtig positioniert.

Das reicht aber noch nicht aus, um wirklich das Beste aus Ihrem Geschäftsmodell zu machen. Idealerweise achten Sie bei der Erarbeitung Ihres speziellen Angebots auch auf *Megatrends*. Das sind großflächige, langfristig wirksame Dynamiken des Wandels. Je mehr Sie mit diesen Strömungen im Einklang agieren, umso besser. Hier eine Auswahl aktuell wichtiger *Megatrends*:[9]

- *Demografischer Wandel* – Wachstum und Alterung der Bevölkerung
- *Individualisierung* – weniger starke Bindungen, Selbstversorgung, Mikromarkt
- *Polarisierung* – zunehmender kultureller Graben zwischen Arm und Reich
- *Mobilität* – multimobiles Zeitalter, Smartphones, mobile Anwendungen
- *Neue Gesundheitssysteme* – mehr Selbstverantwortung und Gesundheitsbewusstsein
- *Wandel der Geschlechterrollen* – mehr Frauen im Arbeitsleben, Work-Life-Balance
- *Digitalisierung* – digitale Durchdringung des Alltags, neue soziale Kommunikation
- *Lernen von der Natur* – Natur als Vorbild, Schwarmintelligenz, Bionik

---

[8] Nichts anderes als das ist das Wesen Ihrer Bestimmung: eine Verbesserung der Welt.

[9] Quellen: Z_punkt GmbH (The Foresight Company), Zukunftsinstitut GmbH

- *Wissensökonomie* – Wissens-/Wertschöpfung, New Work, mehr Selbständige
- *Neues Lernen* – digitale Medien, lebenslanges Lernen
- *Wandel der Arbeitswelt* – Flexibilisierung, neue Führung, Automatisierung
- *Klimawandel* – CO_2-Emissionen, Ernährungsengpässe, Umweltprobleme
- *Urbanisierung* – Megacities, ländliche Infrastrukturprobleme
- *Neue politische Weltordnung* – Aufstieg Chinas und Indiens, neue Allianzen
- *Konnektivität* – virtuelle Beziehungen, Internet der Dinge, Kultur der Offenheit
- *Silver Society* – Senioren nehmen weiter aktiv am Gesellschaftsleben teil

Wenn Ihre Unternehmensidee mit mindestens zwei oder drei dieser *Megatrends* im Einklang ist, reicht das völlig, um Sie noch zukunftsfähiger zu machen, als Sie es durch Ihre Bestimmung ohnehin schon sind. Greifen Sie diese Megatrends in Ihrer strategischen Positionierung und in Ihren Marketingbotschaften erkennbar auf.

Übung: Megatrends

1. Identifizieren Sie Megatrends, die den Verlauf Ihres Bestimmungs-Projekts noch auf viele Jahre hin begünstigen werden.
2. Überlegen Sie, wie Sie sich noch bewusster oder stärker als bisher auf diese Megatrends in Ihrem Angebot und in Ihrem Marketing beziehen können.

Erfolgstipp 5: Unendliches Potential

Wenn es Ihnen wichtig ist, möglichst viele Menschen für das Angebot zu gewinnen, das Sie im Rahmen Ihrer Bestimmung machen, kann dieser Erfolgstipp für Sie sehr wertvoll sein.

Die meisten Anbieter von Arbeitskraft, Produkten oder Dienstleistungen haben die Vorstellung, es gäbe nur eine begrenzte Anzahl von Kunden in ihrer Branche, und sie und ihre Konkurrenten wären im Wettbewerb um diese Kunden. Das ist nicht falsch, aber es setzt einen zu engen Rahmen. Es gibt nämlich drei zusätzliche Gruppen von potentiellen Kunden, die Sie versuchen können, für Ihr Angebot zu gewinnen:

- *Nichtfreiwillige*
  Das sind Kunden, die das Angebot Ihrer Branche zwar nutzen, dies aber eigentlich gar nicht wollen. Sie sind innerlich sozusagen permanent auf dem Absprung.
  Beispiel Gesundheit:
  Käufer von Gesundheitsbüchern oder Teilnehmer von Gesundheitskursen, die lieber allein gesund werden würden, aber glauben, dass ihnen dies nicht gelingt und sie deshalb auf Hilfe angewiesen seien. Sie setzen ihre Erkenntnisse nur halbherzig oder gar nicht um, was ihre Lage nicht verbessert, denn dadurch ändert sich nicht viel für sie. Sie sind diesen Teufelskreis leid und wollen aus eigener Kraft wieder gesund werden, wissen aber nicht, wie das geht. Sie hassen die entsprechenden Bücher und Kurse, kaufen sie aber trotzdem. Sie verurteilen sich und sind ungeduldig mit sich, trauen sich aber zu wenig Selbstheilung zu. Lieber würden sie nach Geistheilern, Hypnosepraktikern, Wunderheilern oder ähnlichem suchen, weil sie an die »Heilkraft« der Bücher und Kurse nicht mehr glauben (auch wenn sie sie trotzdem kaufen, weil sie noch nichts Besseres gefunden haben).
  Wenn es Ihnen gelingt, dieser Gruppe *nichtfreiwilliger* Kunden

ein Angebot zu machen, das für sie unwiderstehlich ist und wenn Sie dieses in Ihr Marketing mit einbauen, erschließen Sie sich einen großen Kreis potentieller zusätzlicher Kunden, an die die meisten Ihrer Mitbewerber nicht denken.

- *Nichtwoller*
Das sind Menschen, die das Angebot Ihrer Branche ausprobiert, aber sich dagegen entschieden haben. Sie finden es entweder zu teuer oder nicht brauchbar und decken ihr Bedürfnis durch andere Angebotsformen ab.
Beispiel (Psycho)Therapie:
Menschen, die der Ansicht sind, für psychologische Beratung sollte man kein Geld bezahlen. Alles, was mit Psychologie zu tun hat, sollte man einfach im Griff haben oder sich »zusammenreißen«.

Menschen, denen es zu anstrengend ist, Bücher zu lesen oder Seminare zu besuchen, weil sie glauben, nicht den Intellekt und die innere Kraft zu haben, die für eine persönliche Veränderung Ihrer Meinung nach notwendig sind.

Menschen, die nicht wagen, den Anspruch zu stellen, dass es ihnen besonders gut gehen soll. Sie bescheiden sich lieber mit kleinerem Glück mit der Begründung, den anderen gehe es ja auch nicht besser. Sie haben Angst, nicht mehr dazuzugehören und die Zuneigung ihrer Freunde oder Familie zu riskieren, wenn sie solche Angebote nutzen würden.

Wenn es Ihnen gelingt, *Nichtwoller*-Gruppen wie diesen einen besseren Zugang zu Ihrem Angebot zu ermöglichen (im vorliegenden Beispiel etwa durch besonders leicht verständliche Kurse oder durch jemanden, der auch einmal ein *Nichtwoller* war, der aber in Ihrem Marketing davon erzählt, wie er sich dadurch verändert hat ...), kann auch diese Strategie viele zusätzliche Kunden bringen.

- *Nichtwisser*

Nichtwisser haben noch nie von Angeboten wie dem Ihren gehört. Sie gehen davon aus, dass ihre Bedürfnisse in anderen Märkten erfüllt werden.

Beispiel Lebensglück:

Manche »Nichtkäufer« von Büchern über Lebensglück glauben, ihr größtes Glück bestehe darin, finanziellen Reichtum zu erlangen. Sie wenden sich daher lieber an einen Experten fürs Reichwerden als an einen Experten für Lebensglück. Oder sie glauben, Glück komme allein durch den richtigen Lebenspartner und melden sich daher bei einer Online-Partnervermittlung an. Oder sie meinen, das größte Glück könne nur in körperlicher Schönheit gefunden werden, nicht in einem Glücksratgeber, und gehen jedes Jahr zu einem Schönheitschirurgen.

Wenn es einem Autor von Glücksratgebern gelingt, diese Menschen davon zu überzeugen, dass sie mit ihrer Suche nach einem Glück im Außen auf dem Holzweg sind und das größtes Glück nur im Innen zu finden ist, erweitert er dadurch womöglich die Anzahl seiner Kunden mehr als jemand, der denkt, Glück und Reichtum seien zwei getrennte Märkte.

Übung: Unendliches Potential

1. Identifizieren Sie *nichtfreiwillige* Kundengruppen Ihrer Branche und was diese brauchen, um offen für Ihr Angebot zu werden. Gehen Sie auf deren Bedürfnisse in Ihrem Produktangebot und in Ihrer Marktkommunikation ein.
2. Tun Sie dasselbe auch mit *Nichtwollern* und mit *Nichtwissern*.
3. Suchen Sie nach Gemeinsamkeiten, die alle drei Gruppen teilen. Wenn es solche gibt, gehen Sie unbedingt darauf ein. Dies wird Ihnen mehr zusätzliche Kunden bringen als die genannten Einzelstrategien, die sich jeweils nur auf eine der drei Nichtkundengruppen beziehen.

Glückwunsch – ich gratuliere Ihnen von Herzen!

Sie haben sich hingebungsvoll und ausdauernd damit beschäftigt, wie Sie Ihre innere Stimme finden, wie Sie lernen, ihr zu folgen und wie Sie es schaffen, sich ihrer Führung über Ihr Leben anzuvertrauen. Sie haben Ihre Bestimmung verstanden und ihr einen Namen gegeben, und Sie haben gelernt, wie Sie sie am besten verkörpern und mit welchem strategischen Handwerkszeug Sie Ihren bestimmungsunternehmerischen Erfolg ausweiten können.

Wenn Sie dieses Buch bis hierher durchgelesen und damit gearbeitet haben, gehören Sie allein schon deshalb zu der Gruppe von Menschen, die alle notwendigen Voraussetzungen erfüllt, um ganz und gar ihr Innerstes zu leben und die Welt damit zu bereichern.

Dieses Buch dient Ihnen als Ratgeber für Ihr Leben, für Ihre persönliche und spirituelle Entwicklung, und für Ihren Erfolg als Mensch mit einer Bestimmung.

Ich danke Ihnen für Ihr Interesse und Ihr beseeltes Engagement. Vom Urgrund meines Herzens wünsche ich Ihnen tiefste Erfüllung in Leben und Beruf und einen inspirierten, Sie und andere beglückenden Weg durch diese Welt.

Und nie vergessen:

Sie sind hier mit einer inneren Stimme – tun Sie, was sie Ihnen sagt! Das führt Sie in Ihr allergrößtes Glück.

Sie sind hier mit einer Bestimmung – verwirklichen Sie sie! Das führt Sie in den erfüllendsten Erfolg.

Anhang

Zehn Fragen, die mir oft gestellt werden

Zu den Themen, um die es in diesem Buch geht, werden mir oft Fragen gestellt. Dadurch erfahre ich, was Menschen beschäftigt, die sich mit diesen Themen auseinandersetzen. Hier ist mein Versuch, die wichtigsten dieser Fragen aus meiner inneren Stimme heraus zu beantworten. Mögen Ihnen die Antworten noch mehr als bisher den Zugang zu Ihrem größten Glück öffnen.

Wie schaffe ich es, die innere Stimme von allen anderen Stimmen zu unterscheiden, die es in mir gibt?
Die innere Stimme fühlt sich anders an. Wenn Sie einmal den Unterschied zwischen der inneren Stimme und allen anderen Stimmen und Impulsen in sich bewusst gefühlt haben, sind Sie für den Rest Ihres Lebens in der Lage, die eine von den anderen zu unterscheiden.

Es gibt viele verschiedene Möglichkeiten, wie Sie mit der inneren Stimme zum ersten Mal so in Kontakt kommen können, dass Ihnen das diese Unterscheidung ermöglicht. Das kann sich bei einer plötzlichen spirituellen Erfahrung ereignen. Es kann bei der Geburt Ihres Kindes geschehen, beim Verlust einer geliebten Person, bei einem unerwarteten Glücksfall oder auch bei einer schlichten Alltagserfahrung wie dem Berühren eines Wassertropfens auf dem Blatt einer Pflanze. Man kann diesen Erstkontakt auch bewusst herbeiführen, etwa im Rahmen eines intensiven Seminars.

Entscheidend dabei ist, dass Sie spüren, dass Ihre Berührung mit dieser Energie etwas Essenzielles, etwas zutiefst Wahres, ja etwas »Heiliges« hat. Auch in einer Phase frischer Verliebtheit kann dieser Erstkontakt geschehen, beim Liebesakt, im Gebet, in der Meditation und Kontemplation oder indem Sie über einen längeren Zeitraum immer wieder einem Menschen zuhören, zuschauen oder dessen Zeilen lesen, der seine innere Stimme schon kennt. Entscheidend ist nicht die Form, in der dieser Erstkontakt geschieht, sondern das Gefühl, das dieser Erstkontakt in Ihnen hinterlässt. Je mehr es ein Gefühl von Weite, von Liebe, von Essenz, von Sinn, von unendlicher Güte und Geborgenheit, von Klarheit, Transparenz, Direktheit und Verbindung mit dem gesamten Leben ist, umso wahrscheinlicher ist, dass Sie mit Ihrer Essenz in Berührung gekommen sind. Sie ist in jedem Moment für Sie verfügbar. Sie müssen und Sie können sich nicht anstrengen, um sie zu erreichen, Sie können nur lernen zu bemerken, dass sie da ist, wie sich das anfühlt und dass Sie das *sind*.

Ist meine innere Stimme eine andere als die innere Stimme von jemand anders – oder ist es ein- und dieselbe innere Stimme, die zu uns allen spricht?

Jeder vernimmt die innere Stimme auf eine andere Art. Aber der Ort, von dem sie kommt, ist ein- und derselbe, auch wenn die innere Stimme in dem einen nie ganz genauso klingt wie in dem anderen. Stellen Sie sich eine Quelle vor, die in unendlich viele Flüsse hineinfließt. Dieses Bild illustriert, wie das mit der inneren Stimme funktioniert: Die Quelle ist die Wahrheit, der Ursprung und das essenzielle Wesen aller Flüsse. Kein Fluss ist wie der andere, jeder Fluss ist einzigartig und dennoch kommt das Wasser, das in ihnen fließt, aus ein- und derselben Quelle. Die Quelle zeigt sich in unendlich vielen sich voneinander unterscheidenen Formen. Fluss A kann erwachen, zu seiner tiefsten Identität und Wahrheit finden und bemerken: »Aha, ich bin die Quelle und zwar ganz einzigartig verwirklicht als Fluss A.« Fluss B kann das auch gelingen. Gelingt es beiden, werden sie sich gegenseitig als unterschiedliche Ausdrucksformen derselben Quelle erkennen. Ein Fluss, der meint, er sei einfach nur der Fluss, der er ist, ohne seine Verbindung und die aller anderen zur Quelle zu erkennen, irrt in der Welt umher ohne Verbindung zu seiner tiefsten Kraft und ursprünglichen Wahrheit.

Ich habe ja auch in der Vergangenheit schon Lebensentscheidungen getroffen. Wie kann ich wissen, ob und wenn ja wie die innere Stimme daran beteiligt war oder nicht?
Die innere Stimme spricht immer zu Ihnen. Entscheidend ist, ob Sie sie als solche erkannt haben und ihr folgen oder nicht. Wenn das der Fall ist, waren Ihre bisherigen Lebensentscheidungen stimmig und im Einklang mit Ihrer Wahrheit. Wenn nicht, haben Sie vielleicht Zufallstreffer gelandet oder sind Ihrer inneren Stimme gefolgt, obwohl es Ihnen nicht bewusst war. Das sicherste Kriterium, um festzustellen, ob sie Ihrer inneren Stimme entsprechend leben oder nicht, ist das Maß an Glück und Erfüllung, das Sie von tief innen heraus erfahren. Ihre innere Stimme führt Sie immer in Ihr größtes Glück hinein.

Ist das nicht alles ein bisschen Hokuspokus mit der inneren Stimme? Reicht es nicht aus, mich so, wie jeder andere auch, an dem zu orientieren, was die meisten machen? So falsch kann das doch nicht sein ...
Wenn Sie das so sehen, wird es für Sie selbst und andere Leid kreieren. Sie sehen das nicht, aber es ist so. Die meisten Menschen sind sich ihrer Verbindung zur Essenz des Lebens nicht bewusst. Wenn ein Mensch sich dieser Verbindung bewusst wird, hat das für ihn wundervolle Konsequenzen: Von dem Moment an wird er immer mehr und tiefer dahin geführt, das, was zutiefst in ihm angelegt ist und was er sich immer schon gewünscht hat, auch zu *sein*. Der Zugang zur Quelle ist der größte Schatz, den ein Mensch in seinem Leben finden kann.

Wenn Sie entscheiden, diesen Weg nicht zu gehen, müssen Sie in

Ihrem Leben auf die Vorteile verzichten, die es hat, wenn man von der inneren Stimme geführt ist: innere Sicherheit, Gehaltensein, Geborgensein, Geliebtsein, bedingungslos lieben können, Freiheit, sein wahres Potential leben können. Sie können das so entscheiden, aber Sie sollten wissen, dass es diese Konsequenz hat: Ohne Zugang zur inneren Stimme bleibt Ihr Leben oberflächlicher, angreifbarer, unerfüllter und liebloser, als es das sein könnte.

Die innere Stimme – das ist doch nur etwas für irgendwelche besonders schlauen oder privilegierten Menschen, ich bin doch gar nicht intelligent genug dafür …
Jeder hat eine innere Stimme. Von daher kann es nichts Besonderes sein, sich um seine Verbindung zu ihr zu kümmern. Das ist so grundlegend und mindestens so nährreich wie essen und trinken. Ein hoher Intelligenzquotient kann hilfreich dabei sein, tiefe Zusammenhänge zu verstehen, doch noch wichtiger ist im Kontakt mit der inneren Stimme das Gefühl:
Können Sie lieben? Haben Sie schon einmal geliebt? Wenn ja, dann sind Sie auch nicht zu »unintelligent«, um den Kontakt zu Ihrer inneren Stimme zu finden und aus ihr heraus zu leben.
Es geht nicht darum, besonders intelligent zu sein, sondern um etwas im Grunde Einfaches, was Ihnen aber eines abverlangt: Den Mut, mit dem, was ist, zu sein, ohne es zu bewerten oder anders haben zu wollen. Und das gelingt Ihnen nicht durchs Denken, sondern durch den Verzicht darauf. Es gelingt Ihnen, indem Sie sich erlauben, *alles zu fühlen.* Wenn es also eine Intelligenz gibt, die dafür gebraucht wird, dann ist es Ihre Fähigkeit zu *fühlen, nicht* zu *denken.*

Wenn jetzt jeder anfangen würde, seine Bestimmung zu leben, wo kämen wir denn dahin? Wäre das nicht das pure Chaos – irgendjemand muss doch auch dafür sorgen, dass genug wirtschaftliches Wachstum da ist?
Wenn jeder seiner inneren Stimme folgen würde, würde jeder seine Bestimmung leben. Weil jeder, der seiner inneren Stimme

folgt, weiß, dass jeder andere seine innere Stimme aus derselben Quelle hört wie er, würden alle wissen, dass sie Teil eines einzigen Organismus sind. Der eine ist die Leber, der andere ein Fuß, ein dritter das Gehirn und ein vierter ist die Wirbelsäule. Sie alle sollten einander zugeneigt sein, weil alles andere für den gesamten Organismus keinen Sinn ergibt. Wenn also jeder seine Bestimmung leben würde, wäre das die heilste und heiligste Ordnung, die man sich vorstellen kann. Genau das Gegenteil von dem Chaos, das ausbricht, wenn jeder glaubt, er sei getrennt vom Ganzen.

Wirtschaftliches Wachstum muss nicht in erster Linie groß, sondern vor allem gesund sein. In der Natur ist alles evolutorisch angelegt: Alles entfaltet sich aus sich heraus, wächst dabei, kommt und vergeht. Weil wir heute noch zu wenig mit der Quelle verbunden sind, meinen wir, wir müssten wirtschaftliches Wachstum pushen. Wir fühlen nicht den natürlichen Impuls der Quelle, aus sich heraus in jedem Moment Neues zu erschaffen. Wenn wir ihn fühlen würden, müssten wir kein Wachstum mehr pushen. Wir würden darauf vertrauen, dass ein gesundes Wachstum in allem angelegt ist, was lebt.

Wie kann ich feststellen, ob mein aktueller Beruf meine Bestimmung ist oder nicht?

Wenn Sie Ihre Bestimmung leben, haben Sie darüber keinen Zweifel. Sie erkennen sie an dem Gefühl, das sie Ihnen gibt. Wenn Sie Ihre Bestimmung leben, dann erfüllt Sie das mit Liebe. Sie lieben, was Sie tun. Sie lieben, wozu Sie beitragen. Vereinfacht lässt es sich so sagen: Wenn Sie Ihren Beruf vor allem aus Gründen der Sicherheit und nicht der Liebe ausüben, dann kann es gut sein, dass dieser Beruf nicht Ihre Berufung ist. Sicher wissen können Sie das aber erst, nachdem Sie ernsthaft versucht haben, ihn mit Liebe auszuüben.

Ihre Bestimmung können Sie umso vollständiger leben, je vollständiger Sie sich von Ihrer inneren Stimme führen lassen. Es gibt

Menschen, die kennen zwar ihre Bestimmung, aber weil sie ihrer inneren Stimme noch nicht stark folgen, können sie das Potential, das in ihrer Bestimmung angelegt ist, nur zum Teil erfüllen. Ihre innere Stimme führt Sie hin zu Ihrer Bestimmung. Mit ihr können Sie sie finden, sie verkörpern und verwirklichen. Je besser Sie Ihre innere Stimme kennen, umso sicherer können Sie auch Ihre wahre Bestimmung erkennen. Ihr aktueller Beruf ist dann Ihre Bestimmung, wenn Sie voller Dankbarkeit, Leidenschaft, Hingabe, Begeisterung und Freude darin aufblühen. Ich meine damit nicht, dass Sie jeden Tag herumspringen und -tanzen, als hätten Sie sich gerade erst in Ihre Bestimmung verliebt. Ich meine diese tiefe Freude, die sich in Ihnen einstellt, wenn Sie mit Ihrer eigenen Tiefe, Ihrer inneren Stimme und der Quelle, aus der alles kommt, verbunden sind.

Was soll das ganze Gerede über Bestimmung überhaupt? Wenn das so wichtig wäre, hätte man uns das doch schon in der Schule beigebracht, oder?

Wenn Sie im Bereich Ihrer Arbeit glücklich werden möchten, führt kein Weg an Ihrer Bestimmung vorbei.

Wenn Sie das »Gerede über Bestimmung« auf diese Weise despektierlich abtun, verletzen Sie dabei niemanden mehr als sich selbst.

Sie mögen es so nicht gelernt haben, und vielleicht ist der ganze Gedanke neu für Sie, aber das ändert nichts daran, dass es umso gesünder und befriedigender für Sie und für alle Menschen, die Sie berühren, sein wird, je mehr Sie in Ihrer Arbeit Erfüllung finden können.

In der Schule wurde Ihnen das beigebracht, was die dafür verantwortlichen Institutionen zu dem Zeitpunkt für wichtig hielten. Ich klage das nicht an, wenn ich feststelle, dass die Verbindung zur Quelle etwas ist, das in der heutigen Gesellschaft noch keinen Einzug in das Bewusstsein der meisten Menschen gehalten hat. Was Sie in der Schule gelernt haben, lässt Sie Dinge verstehen und lernen, mit denen Sie später einen Arbeitsplatz finden und Ihren Lebensunterhalt bezahlen können. Das ist das hauptsächliche Ziel unseres heutigen Bildungswesens. Ich ehre das, weil es uns allen ein friedvolles soziales Miteinander schenken möchte und weil es uns Einzelnen die Gelegenheit geben will, unser Potential beruflich auszuschöpfen.

Um die Verbindung zur inneren Stimme wird sich im Bildungssystem im Grunde nicht gekümmert. Man hat diese Aufgabe den Kirchen, Klöstern, Psychotherapeuten, Seelsorgern und anderen Experten überlassen. Das, was fundamental zu unserem eigenen Verständnis von uns selbst dazugehört, wurde weitgehend ausgeschlossen aus dem berufswirksamen Diskurs in der Gesellschaft. Ich finde das fatal.

Der wichtigste Hebel für Ihr Glück, Ihre Erfüllung als Mensch und im Beruf und für Ihren Lebenserfolg ist Ihr Zugang zu Ihrer inneren Stimme und zu Ihrer Bestimmung. Ohne dies zu leben ist zwar heute weit verbreitet, aber nur weil die meisten das tun, bedeutet es nicht, dass dies auch gesund wäre.

Was hat es für einen Nutzen, wenn ich meine Bestimmung erkenne und lebe? Was verändert sich dadurch in meinem Leben (zum Positiven)?

Wenn Sie Ihre innere Stimme finden, erfüllt Sie das mit einem unendlichen Glücksgefühl. Sie erhalten Zugang – in jedem Augenblick – zu einem Gefühl von Fülle und Glück, von Reichtum, Segen und Dankbarkeit, das alles übertrifft, was Sie sich an Glücksgefühlen mit Geld kaufen können. In diesem Gefühl spüren Sie den »Himmel auf Erden« und erkennen, dass es dieses Glück gibt, dass das nicht nur eine Illusion ist.

Wenn Sie Ihre Bestimmung leben und verwirklichen, erfüllt Sie das auch in Bezug auf Ihre Arbeit mit der größten Dankbarkeit, Begeisterung und Hingabe, zu der Sie in der Lage sind. Spätestens ab dem Tag, an dem Sie entschieden haben, Ihre Bestimmung erfolgreich wahr zu machen, merken Sie, dass es Ihnen nur mit ihr gelingen kann, auch Ihr größtes Erfolgspotential zu entfalten.

Wie kann ich wissen, ob es für die Geschäftsidee, mit der ich meine Bestimmung verwirklichen möchte, einen ausreichend großen Markt gibt? Zunächst klären Sie die Frage, was »ausreichend groß« für Sie bedeutet. Seien Sie ehrlich zu sich selbst: Möchte Ihr Herz ein Unternehmen aufbauen, das bestmöglich floriert, und das so viel Geld, einbringt, dass es Ihre eigenen Ansprüche und Wünsche deutlich übersteigt? Oder reicht es Ihrem Herzen, wenn genug übrig bleibt, dass Sie und Ihre Familie damit so leben können, wie Sie das bisher gewohnt sind?

Folgen Sie ihrem Herzen bei der Beantwortung dieser Frage. Danach entwickeln Sie ein überzeugendes Geschäftsmodell für die Zielgruppe, der Sie dienen wollen. Entscheiden Sie sich für eine stimmige Preislage und rechnen Sie sich aus, wie viele Verkäufe Sie dafür brauchen. Dann entscheiden Sie sich dafür, dass Ihre Frage nach der ausreichenden Marktgröße beantwortet wird. Antworten werden kommen, und Sie werden zu einer Einschätzung darüber gelangen.

Und dann gehen Sie mit der Stimme Ihres Herzens Ihren Weg.

Danksagung

Auch wenn auf dem Cover dieses Buchs nur ein Name steht, war eine Vielzahl von Menschen an seiner Entstehung beteiligt.

Allem voran bin ich sehr dankbar dafür, dass ich mich nun schon seit vielen Jahren von meiner inneren Stimme geführt weiß. Die Begegnung mit dem göttlichen Licht, die im Jahr 2000 mein Leben für immer verändert hat, ist bis heute das Vollkommenste und Weitreichendste, das ich je erfahren habe.

Danken möchte ich all jenen, die mich auf dem Weg, den dieses Buch beschreibt, begleitet, gelehrt, unterstützt und gewürdigt, geliebt und abgelehnt haben. Hervorheben möchte ich an dieser Stelle meinen Vater (Danke für alles, ich liebe dich), meine Mutter (ich denke an dich, immer wieder), meinen Sohn (du Glücksgeschenk des Himmels), meine Partnerin (unglaublich, diese Passung), meine Schwester (»Sissi«), »meine Gruppe« (Sebastian, Dirk, Bernd, Jürgen, Anja, Ricarda und Karin – ohne euch wäre ich nicht das, was ich bin), Pia, Klaus, Anna, Jürgen, Frankie, mein Team sowie die Vielzahl der Lehrer und Lehren, die mich in den vergangenen Jahren und Jahrzehnten geprägt und mitgeformt haben (unter anderem Eckhart Tolle, Ken Wilber, Anthony Robbins und Brendon Burchard, auch Wayne Dyer, Adyashanti, Robert Dilts und Robert McDonald sowie im deutschsprachigen Raum Christina Kessler, Robert Betz, Clemens Kuby, Harald Wessbecher, Ruediger Dahlke, Claus und Daniela Blickhan, Wolfgang Looss).

Für die Möglichkeit, das »Big Business« und seine Kultur kennen und einschätzen zu lernen, danke ich meinen früheren Arbeitgebern (unter anderem der Roland Berger Strategieberatung, PolyGram, Heidrick & Struggles, Mülder & Partner), meinem langjährigen Kooperationspartner Königswieser & Network sowie den ca. 500 Unternehmen und Führungskräften, die sich von mir haben beraten, coachen und trainieren lassen.

Für die Mitwirkung und Unterstützung bei der Erstellung dieses

Buches bedanke ich mich bei der Agentur Gorus (Oliver Gorus und Lavinia Lazar), dem Kösel-Verlag (Gerhard Plachta und Usha Swamy), Anne Nordmann für das Lektorat und allen anderen daran beteiligten Helferinnen und Helfern.

Last but not least gilt mein Dank all den Abonnenten meines Newsletters, denen, die täglich meine Videos schauen und Posts lesen, kommentieren und weiterleiten, und all meinen Kurs- und Seminarteilnehmern, die den Schritt wagen, ihre innere Stimme zu finden und sich ihr hinzugeben, und die in die Verwirklichung ihrer Bestimmung Zeit, Energie, Aufmerksamkeit und Geld investieren. Das ist die wichtigste Entscheidung, die es in unserem Leben gibt.

Literaturverzeichnis

Allione, Tsültrim: *Den Dämonen Nahrung geben. Buddhistische Techniken zur Konfliktlösung*, München, Arkana 2009.

Adyashanti: *Sein. Die wahre Natur der Erleuchtung*, München, O.W. Barth 2014.

Beck, Don Edward u. Cowan, Christopher C.: *Spiral Dynamics. Leadership, Werte und Wandel: Eine Landkarte für Business und Gesellschaft im 21. Jahrhundert*. Bielefeld, J. Kamphausen 2007.

Birkenbihl, Michael: *Karriere und innere Harmonie sind möglich*, München, mvg 1991.

Covey, Stephen R.: *Die sieben Wege zur Effektivität*, München, Heyne Business TB, 5. Aufl. 1997.

Donders, Paul Ch. u. Essler, Peter: *Berufung als Lebensstil. Aufbrechen in ein wertvolles Leben*, Münsterschwarzach, Vier-Türme-Verlag 2011.

Dyer, Wayne: *Mit Absicht. Den eigenen Lebensplan erkennen und verwirklichen*, München, Arkana, 2. Aufl. 2005.

Hawkins, David R.: *Die Ebenen des Bewusstseins. Von der Kraft, die wir ausstrahlen*, Kirchzarten, VAK, 2. Aufl. 2002.

Huffington, Arianna: *Die Neuerfindung des Erfolgs. Was uns wirklich weiterbringt*, München, Riemann 2014.

Izzo, John: *Die fünf Geheimnisse, die Sie entdecken sollten, bevor Sie sterben*, München, Riemann 2008.

James, William: *Die Vielfalt religiöser Erfahrung*, Berlin, Verlag der Weltreligionen 2014.

Jones, Laurie B.: *Die Macht der Vision*, München, Universitas 2003.

Kim, Chan W. u. Mauborgne, Renée: *Der Blaue Ozean als Strategie. Wie man neue Märkte schafft*, München, Hanser 2005.

Kornfield, Jack: *Das weise Herz*, München, Arkana, 3. Aufl. 2008.

Millman, Dan: *Die universellen Lebensgesetze des friedvollen Kriegers*, München, Heyne TB, 4. Aufl. 2005.

Robbins, Anthony: *Das Robbins Power Prinzip. Wie Sie Ihre wahren inneren Kräfte sofort einsetzen*, Berlin, Allegria, 4. Aufl. 2010.

Satprem: *Sri Aurobindo oder Das Abenteuer des Bewusstseins*, Gladenbach, Hinder + Deelmann, 4. Aufl. 2003.

Strelecky, John: *The Big Five for Life. Leadership's Greatest Secret. Was wirklich zählt im Leben*, München, dtv, 6. Aufl. 2011.

Tolle, Eckhart: *Jetzt! Die Kraft der Gegenwart*, Hörbuch, J. Kamphausen Verlag & Distribution GmbH 2003.

Walsch, Neale Donald: *Gespräche mit Gott*, München, Arkana 2006.

Wessbecher, Harald: *Entfalte Deine Bestimmung. Lebe so, wie es dir entspricht und gefällt*, München, Heyne 2008.

Wilber, Ken: *Ganzheitlich handeln. Eine integrale Vision für Wirtschaft, Politik, Wissenschaft und Spiritualität*, Freiburg, Arbor 2001.

Wilber, Ken: *Integrale Spiritualität. Spirituelle Intelligenz rettet die Welt*, München, Kösel 2007.